Introduzione al commercio italiano
SECONDA EDIZIONE

An Introduction to Business Italian
SECOND EDITION

PETER LANG
New York • Washington, D.C./Baltimore • Bern
Frankfurt • Berlin • Brussels • Vienna • Oxford

MATILDE M. FAVA

Introduzione al commercio italiano
SECONDA EDIZIONE

An Introduction to Business Italian
SECOND EDITION

PETER LANG
New York • Washington, D.C./Baltimore • Bern
Frankfurt • Berlin • Brussels • Vienna • Oxford

The Library of Congress has cataloged the first edition as follows

Fava, Matilde M.
Introduzione al commercio italiano = an introduction to business Italian /
Matilde M. Fava.
p.   cm.
1. Italian language—Business Italian. 2. Italian language—Textbooks
for foreign speakers—English. I. Title. II. Title:
An introduction to business Italian
PC1120.C6F38   458.2'421'2465—dc20   91-36264
ISBN 978-0-8204-1763-9 (first edition)
ISBN 978-1-4331-1046-7 (second edition)

Bibliographic information published by **Die Deutsche Nationalbibliothek.**
Die Deutsche Nationalbibliothek lists this publication in the "Deutsche
Nationalbibliografie"; detailed bibliographic data is available
on the Internet at http://dnb.d-nb.de/.

Cover design concept by Harry Espaillat

The paper in this book meets the guidelines for permanence and durability
of the Committee on Production Guidelines for Book Longevity
of the Council of Library Resources.

© 2011 Peter Lang Publishing, Inc., New York
29 Broadway, 18th floor, New York, NY 10006
www.peterlang.com

Printed in the United States of America

To
John, Palmina, Doreena, Joanna
and
my beloved parents

CONTENTS

ACKNOWLEDGMENTS

I wish to express my gratitude to Professor Vincenzo Velleri for his review of the complete manuscript and to Prof. Lilia Lodolini for their insights on communicative activities. I am especially grateful to Harry Gabriel Espaillat and John Rodrigues for their computer expertise.

Regional Italy since 1919 (adapted from C. Duggan, *A Concise History of Italy*, Cambridge: Cambridge U.P., 1994, p. 197.)

PREFACE TO THE FIRST EDITION

Introduzione al Commercio Italiano: An Introduction to Business Italian has been prepared for students at the intermediate level of Italian who wish to become familiar with the vocabulary, styles of correspondence, and documents common to the Italian speaking business world. The readings are in the form of dialogues in order to make the lesson less "pedante" and more interesting. The purpose of the reading is not only to familiarize the student with the business world, but also to improve his/her conversation and allow him to become acquainted with certain idiomatic expressions.

Introduzione al Commercio Italiano: An Introduction to Business Italian is suitable for students preparing for careers in business, secretarial arts, and international studies. The materials developed for **"Introduzione al Commercio Italiano**: An Introduction to Business Italian"** are intended to provide a rich supplement to the many aspects of life which are treated upon in most Italian language courses.

Initial language courses usually do not go beyond developing basic language skills which may be used as a means of communication in an elementary way. The acquisition of language, however, without a specific purpose, could be too arid for many young adults. It fails to sustain motivation. The proposed program is concerned with developing Italian conversation within an area of focus. It represents a departure from a purely grammar-driven text replete with mechanical drills to a functional approach with activity-oriented exercises aimed at the development of communication skills. This program, further, seeks to enhance and reinforce the language learning, while it is itself continuously enhanced by the student's developing proficiency through the introductory courses. Each lesson not only contains exercise materials to reinforce students' vocabulary, but it also includes examples of documents, literature, and up-to-date commercial expressions. Some idiomatic expressions are translated at the end of each reading. The glossary and a list of business abbreviations are found at the end of the book.

PREFACE TO THE SECOND EDITION

Introduzione al Commercio Italiano was first published in 1995 as a basic book of the language of Italian commerce to be used for students of Italian at the intermediate level. In the past fifteen years the world of business has grown and changed until it now not only encompasses the G-8, but, indeed, the entire world. Thomas Friedman published his award winning book, The World Is Flat, in 2005 in which he brings to light the fact that commerce is accomplished at the speed of light, and that we are all involved in an intricate web of world economics. In consideration of the key role Italy plays in world commerce today, it is essential for a student of Italian to function with an adequate knowledge not only of the language of commerce, but also with the understanding of culture and history that have contributed to Italy's position in our "flat world" of today.

The second edition of **Introduzione al Commercio Italiano** is designed to offer the student an introduction to the basic language of Italian commerce with an emphasis on the spoken language of business. The approach to foreign language teaching in the United States has evolved from a purely grammar/exercise driven activity to a highly complicated activity of conversation, culture, grammar, and aural comprehension. **Introduzione al Commercio Italiano** has been a leader in this concept of language teaching from the onset. The acquisition of language, nevertheless, without a specific purpose proves useless to many young adults living in our rapidly changing world. The present edition concentrates on a contemporary understanding of a specific area, and, at the same time reinforces all areas of language acquisition. Each lesson contains exercise materials, vocabulary, examples of documents, literature and contemporary commercial expressions appropriate to the specific topic of the chapter. In this way the student is offered a virtual commercial experience. Through dialogues the student learns directly to communicate on both a linguistic and cultural level. The second edition of **Introduzione al Commercio Italiano** recognizes, at the same time, that commerce today depends heavily on the information highway and e-business. To this end, the second edition develops the formulary essential to correspondence via e-mail.

Introduzione al Commercio Italiano in the present edition embraces all aspects of Italian business life of today from the point of an English speaking individual conducting business in Italy. Initial chapters treat of travel and the regions of Italy in order to give the student an overview of Italy today.

Phraseology regarding levels of formality and courtesy is an important aspect of Italian grammar. Individual chapters study rules and regulations, the various functions and opportunities of the Italian postal service, commercial abbreviations, the banking system, taxes, money exchange, the penal code, insurance, the stock market, industry and agriculture, and personal taxes. In this manner the student is immersed in the world of Italian business in particular and Italian society in general.

The second edition of **Introduzione al Commercio Italiano** takes into consideration the rapidity with which world commerce changes. Through individual conversations, basic phraseology, and an emphasis on computerization, as well as basic grammatical structures and attention to essential cultural aspects, the English speaking student learns the fundamentals of conducting business in the Italy of today.

UN INCONTRO ALL'AGENZIA DI VIAGGI

La scena rappresenta un'agenzia di viaggi: scrivanie bianche stile anni Quaranta, impiegati dall'aria indaffarata, telefoni che squillano, opuscoli colorati, manifesti di paesi esotici, elaboratori elettronici. Per terra una moquette azzurra che fa pensare al mare e alle crociere. Al di là della vetrina il traffico di New York. Una bella biondina al banco della ricezione, appena si entra. Un giovanotto bruno spinge la porta girevole.

Pietro: Joanna. Chi si vede! Da quanto tempo! Ma che fai qui?

Joanna: Pietro. Che piacere vederti. Sì, ma tu piuttosto, come mai a New York?

Pietro: Sono qui con un viaggio organizzato. Ma come parli bene l'italiano!

Joanna: Dopo la mia visita in Italia tre anni fa ho iniziato a studiare. L'italiano è utile perché New York è piena di turisti italiani. A proposito, che possiamo fare per te?

Pietro: Ho un problema. Vedi, ho un biglietto a riduzione Apex che dura fino al primo luglio, ma io vorrei partire prima.

Joanna: Allora perderai lo sconto.

Pietro: Non importa, devo anticipare la partenza per forza. Da casa mi hanno telefonato perché è arrivata la comunicazione che fra una settimana devo fare gli scritti di un concorso.

Joanna: Che concorso, un concorso di bellezza?

Pietro: Non prendermi in giro! Devo fare gli esami scritti di un concorso bandito dall'Istituto del Commercio Estero, che si chiama più brevemente, ICE. Se supererò gli scritti, farò gli orali, cioè gli esami orali e, se andranno bene anche quelli, vincerò il concorso ed entrerò all'ICE.

Joanna: Vincerai, vincerai. Sei un ragazzo fortunato.

Pietro: Macché fortunato, me lo merito. Ho sgobbato tanto sui libri,io.
(Ma intanto s'è formata una fila di clienti. Joanna deve interrompere la conversazione.)

Joanna: Ascolta: io devo solo smistare i clienti. Il cambio del biglietto non te lo posso fare. Ti dispiace andare da quell'impiegato laggiù con i baffi?

Pietro: Avrei preferito quella brunetta là senza baffi. Dimmi: a che ora sarai libera per il pranzo?

Joanna: Fra una mezz'ora.

Pietro: Allora aspettami che andiamo a mangiare insieme.
(Pietro si dirige verso l'impiegato con i baffi.)

Impiegato: Desidera?

Pietro: Un altro che parla l'italiano. Ma è straordinario!

Impiegato: Sono figlio d'Italiani. New York è, per un quarto almeno, italiana. Non lo sapeva?

(Pietro spiega che deve anticipare la data del volo e che vorrebbe partire entro due giorni al massimo. L'impiegato preme alcuni tasti sul suo computer e guarda sullo schermo.)

Impiegato: Nemmeno un posto libero prima di giovedì. Mi sembra un po' troppo in là per Lei; l'unica possibilità è stasera. Stasera c'è un posto sul volo Alitalia 611 per Roma; il decollo è alle sei.

Pietro: Stasera?

(Pietro si volta in direzione di Joanna.) E va bene, se non c'è scelta ... vada per stasera.

(L'impiegato calcola la differenza tra il prezzo del biglietto Apex ed il prezzo che ora Pietro deve pagare.)

Impiegato: 245 dollari e 70 centesimi.

Pietro: Questo cambio mi costa caro, non è vero?

Impiegato: Prego!

Pietro: È il prezzo di un biglietto normale o festivo?

Impiegato: Festivo, perché è sempre un biglietto di andata e ritorno. Naturalmente in classe economica e non in prima classe.

Pietro: Ci mancherebbe altro! No, no, di certo non in prima classe.

(L'impiegato riempie accuratamente ogni casella indicata sul biglietto.)

Impiegato: Ecco qua, tutto a posto. Buon viaggio.

(Pietro prende sottobraccio Joanna che lo aspetta sulla soglia dell'agenzia.)

Pietro: Tutto fatto. Ho una fame! Ma un bel tipo il tuo collega baffuto, ha voluto spedirmi via per forza stasera. Non sarà mica geloso?

Joanna: Voi Italiani! Sempre pronti ad immaginare storie passionali. Piuttosto, dove mi porti a mangiare?

Pietro: Ti dispiace se andiamo al mio albergo? È proprio qui all'angolo, ha un ristorante con un servizio magnifico. Sai, vorrei vedere se c'è posta dall'Italia e disdire la prenotazione della mia stanza. Sono stato fortunato, ho trovato posto, anzi addirittura una singola senza aver fatto alcuna prenotazione prima. E poi la combinazione passaggio aereo-albergo mi è costata una sciocchezza. Mica come una volta che solo i miliardari si potevano permettere le traversate sui transatlantici di lusso.

Joanna: Veramente i nostri nonni emigranti arrivavano ammucchiati nelle stive dei piroscafi da carico.

(Entrano nel ristorante, si siedono ad un tavolino d'angolo ed ordinano scaloppine al marsala.)

Pietro: Che peccato doverti lasciare ora che ti ho trovato ed avresti potuto farmi da interprete e da cicerone.

Joanna: Cicerone? E che cos'è?

Pietro: Cicerone era un antico scocciatore romano; cioè no, era il famoso oratore ed avvocato romano del primo secolo A.C ... È uno dei grandi della letteratura latina. Siccome però parlava tanto, oggi noi in Italia chiamiamo "ciceroni" le guide turistiche che, appunto, parlano spiegando ogni piccolo dettaglio ai poveri turisti stanchi morti sotto il sole. Cioè, volevo dire che avresti potuto farmi da guida qui a NewYork.

Joanna: Ah, ah. Sicché sarei io la chiacchierona di turno, eh? Ma parlami del tuo concorso.

VOCABOLARIO

Ammucchiati:	very crowded, gathered together
Arredamento:	furniture
Concorso:	test, competition
Concorso di bellezza:	beauty pageant
Schermo:	screen
Tasto:	computer keyboard

ESPRESSIONI

Biglietto a riduzione Apex:	discount ticket
Biglietto di andata e ritorno:	round trip ticket
Mi costa caro:	I am paying dearly, it's expensive
Ci mancherebbe altro!:	God forbid!
È straordinario:	it's extraordinary/fantastic
Fare una prenotazione:	to make a reservation
Interrompere la conversazione:	to stop the conversation
Non prendermi in giro:	don't make fun of me, don't tease me
Prendere sottobraccio:	arm in arm
Ragazzo fortunato:	lucky guy
Sgobbare sui libri:	to study very hard
Smistare i clienti:	to direct the clients
Spostare la data:	to postpone the date
Stanco morto:	dead tired
Stile Anni Quaranta:	1940's style
Sulla soglia:	at the entrance, over the threshold
Ti dispiace andare:	Would you mind going?
Un bel tipo:	What a character!
Vada per:	It's O.K. (all right)

PRIMA LEZIONE

Esercizio 1

Completare le seguenti frasi:

1. Le scrivanie sono ....

2. Lo stile è ....

3. I telefoni ....

4. Gli impiegati hanno l'aria ....

5. Joanna è una ....

6. Joanna è un ....

7. Il viaggio a cui partecipa Pietro è un viaggio ....

8. Il biglietto è a ....

9. Pietro perderà ....

10. Pietro deve fare gli scritti di un ....

11. Gli esami scritti sono prima degli esami ....

12. Pietro vincerà il ....

13. Pietro entrerà all' ....

14. Una fila di .... clienti s'è ....

15. Joanna .... i clienti ....

16. L'impiegato ha i ....

17. La brunetta non ha i ....

18. Fra mezz'ora c'è ....

19. Pietro e Joanna vanno a mangiare .... insieme ....

20. Pietro deve .... la data del ....

21. L'impiegato preme .... del .... e guarda sullo ....

22. Non ci sono .... liberi fino a ....

23. Stasera è ....

24. Il biglietto è di andata e ....

25. Il prezzo è quello di un biglietto ....

26. La classe è quella .... e non la classe ....

27. Le storie sono ....

28. Il servizio è ....

29. Pietro vuole .... la sua stanza

30. La stanza di Pietro è una stanza ....

31. Solo i miliardari viaggiavano sui .... di

32. Gli emigranti viaggiavano .... da ....

33. Cicerone era .... romano ....

34. In Italia chiamano .... le guide turistiche ....

35. I turisti sono .... sotto il ....

36. Joanna è la .... di ....

Esercizio 2

Comporre frasi con i seguenti vocaboli:

Scrivania, computer, crociera, traffico, biondina, banco della ricezione, mettersi a studiare, turista, impiegato, biglietto, fare gli esami, fila di persone, cliente, intervallo, volo, posto libero, decollo, andata e ritorno, casella, albergo, ristorante, prenotazione, interprete, guida, chiacchierone.

Esercizio 3

Rispondere alle seguenti domande:

1. Che cos'è un'agenzia di viaggi?
2. Com'è l'arredamento dell'agenzia di viaggi di cui si parla?
3. l'italiano è utile a New York?
4. Pietro va all'agenzia di viaggi?
5. Che cos'è un biglietto "Apex"?
6. Che notizia ha ricevuto Pietro da casa?
7. Che cos'è un concorso?
8. Che cos'è un concorso di bellezza?
9. Pietro fa il concorso?
10. Qual è la differenza fra esami scritti ed esami orali?
11. Che cosa significa ICE?
12. Cos'ha fatto Pietro sui libri?
13. Cosa fa Joanna all'agenzia di viaggi?
14. Quanti newyorkesi sono di origine italiana?
15. Cosa calcola l'impiegato sulla calcolatrice?
16. Cosa dice Pietro quando conosce la somma che deve pagare in più?
17. Cosa riempie l'impiegato sul biglietto?
18. Cosa pensa Pietro dell'impiegato con i baffi?
19. Quanto è costato il pacchetto aereo-albergo?
20. Come facevano la traversata i nonni emigranti?
21. Cosa ordinano Joanna e Pietro?
22. È famoso Cicerone?
23. Cosa vuol dire "cicerone" nel gergo dell'industria turistica?
24. Cosa avrebbe potuto fare Joanna a New York se Pietro non fosse dovuto partire?

Esercizio 4

Facciamo anche noi una domanda:

1. Sostituiamo le proprie generalità a quelle di Pietro Ballerio formulando una domanda.

2. Usando le nostre generalità, scriviamo la domanda in prima persona singolare.

UN PO' DI GRAMMATICA

Comporre delle frasi con le espressioni seguenti:

mi fa pensare a....   ma anche ....

ti fa pensare a ....   ci siamo messi le a ....

gli fa pensare a ....   vi siete messi le a ....

le fa pensare a ....   si sono messi le a ....

ci fa pensare a ....   vi fa pensare a ....

fanno pensare loro a ... .   lo fa pensare a ....

le fa pensare a la ....   fa pensare a ....

mi sono messo/a a ....   ti sei messo/a a ....

si è (s'è) messo/a a ....   li fa pensare a ....

La domanda di Pietro

Notice:

Very often applications in Italian are written in the third person singular. The subject, in this case, is "il sottoscritto" or "la sottoscritta"; however one can very well use the first person singular, as one does in English. In this case the applicant will start with: "Io, sottoscritto/a ..." We should like to point out, however, that in general no specific form is requested for applying for a job in Italy. The most important thing is to write clearly and give all the information and the particulars necessary according to circumstances.

The place and date of birth are, in any case, indispensable when dealing with government offices because, according to the Italian law, these particulars identify a person. The names of mothers and fathers, in fact, are never indicated except in special documents such as birth certificates.

PS:

You can consult the Europass site at http://www.europass-italia.it/

Varese, 28 ottobre 20 ..

Spett. Istituto Nazionale per il Commercio Estero I.C.E.
Direzione Generale del Personale
Viale Liszt, 21
00100 Roma (EUR)

Il sottoscritto Pietro Ballerio, nato a Varese il 10 dicembre 1985 ed ivi residente in Piazza Verdi 10, c.a.p. 00198, tel. 85.28.45, chiede di essere ammesso a partecipare al concorso a 20 posti nel ruolo amministrativo di codesto spettabile Istituto, di cui alla Gazzetta Ufficiale N. 33 del 1 gennaio 20 ..

Dichiara sotto la propria responsabilità:
— di essere in possesso della laurea in Giurisprudenza, conseguita presso l'Università di Bologna con la votazione di 110/110 e lode;

— di essere cittadino italiano;
— di non aver mai riportato condanne penali;
— di non avere carichi pendenti;
— di essere di sana e robusta costituzione fisica;

Con osservanza,

Pietro Ballerio

IMPORTANT COMPONENTS FOR
THE CURRICULUM VITAE

Name/Nome

Birthplace and Date/Località e Data di nascita

Address/Indirizzo

Tel.   Civil Status/Stato Civile

Educational Background (High School and College)/Studi (Liceo e Università)

Diploma, Degrees, and Dates Received/Diploma e Laurea in, conseguita in

GPA/Media

Languagues Spoken/Lingue conosciute

Professional Experience/Esperienza professionale

References/Referenze:

2

L'ITALIA E LE SUE REGIONI

Claudio e Doreena parlano delle regioni d'Italia.

Claudio: Come forse già saprai, la struttura costituzionale della Repubblica Italiana è piuttosto diversa da quella degli Stati Uniti. Gli Stati Uniti sono una federazione di Stati. L'Italia, invece, è uno stato unitario.

Doreena: Ma allora, le regioni?

Claudio: È vero, l'Italia è divisa in 20 regioni. Ogni regione è divisa in province, e ogni provincia è divisa in comuni. Ogni comune comprende, poi, un certo numero di frazioni. L'Italia ha un totale di 95 province e di circa ottomila comuni. Il numero delle frazioni te lo risparmio anche perché non lo so. Le regioni, in particolare, godono di una notevole autonomia, specialmente quelle a Statuto Speciale che sono la Sicilia, la Sardegna, la Val d' Aosta, il Trentino Alto Adige e il Friuli Venezia Giulia; ci sono delle minoranze di lingua francese, tedesca, ladina e slovena a cui sono garantiti vari diritti, tra cui l'uso della propria lingua. Ma tutte queste autonomie e divisioni amministrative non cambiano il carattere unitario dello Stato italiano. Le regioni italiane sono molto, ma molto meno autonome dei vostri stati. E qui voglio poi che ti sia ben chiaro l'ordine di grandezza che abbiamo di fronte. Pensa che tutta l'Italia è grande più o meno come lo Stato della California.

Doreena: Non ci credo.

Claudio: Prendi l'atlante e vedrai che è vero. Ma qui voglio sottolineare che in questa nazione grande come uno solo dei vostri 50 Stati, ci viviamo in oltre 60 milioni.

Doreena: Ma allora state uno sopra all'altro.

Claudio: Quasi. La popolazione è il 90% di religione cattolica, la valuta è l'Euro. L'Italia confina con Francia, Svizzera, Austria e Slovenia. Il clima è mediterraneo continentale. Il territorio è molto vario, presenta montagne, pianure, valli, e colline. Le due catene montuose sono le Alpi a Nord e gli Appennini che si allungano da Nord a Sud. L'Italia è considerata da tutto il mondo uno dei paesi più belli e ricchi di storia, arte e cultura. Il 60% dell'arte mondiale si trova in Italia.

Doreena: Allora, basta visitare l'Italia ed abbiamo visto il mondo.

Claudio: È quasi vero. Tra Arte, gastronomia, moda, ecc., ecc.

Doreena: Ma sei proprio bravo!

Claudio: Ora vedrai. Intanto occorre osservare che l'Italia è non solo piccola, ma scarseggia di materie prime ed ha una superficie in prevalenza montagnosa, e in montagna l'agricoltura non prospera. Quindi il segreto della nostra sopravvivenza è negli scambi con l'estero. L'Italia importa materie prime ed esporta quei manufatti che le fabbriche e gli artigiani italiani fanno così bene. In Italia ci sono ottimi imprenditori, capaci di promuovere il Made in Italy nel mondo e di far conoscere la qualità. Il design originale di alta qualità "Promozione Italia" da visibilità alle aziente italiane ed ai loro prodotti.

Doreena: Già, le scarpe, le borsette, la moda italiana, i mobili italiani...

Claudio: Appunto. E così il vino, dato che la vite è la pianta che cresce meglio sulle nostre colline aride. E poi, naturalmente, le automobili, i trattori... Queste esportazioni fanno entrare in Italia valuta pregiata (soprattutto il vostro dollaro) e aiutano la nostra bilancia dei pagamenti che è la differenza fra le entrate e le uscite di un paese. In conclusione, il commercio con l'estero è così importante che in Italia abbiamo un ministero apposito, il Ministero dello sviluppo economico, che promuove e coordina le attività di scambi ed amministra l'Istituto per il Commercio Estero, l'ICE, che è l'ente dove spero di prestare servizio.

Doreena: E il turismo? Credevo che anche il turismo fosse benefico all'economia di un paese.

Claudio: Senz'altro. Il turismo è una forma di "entrata invisibile". Noi infatti (cioè noi Italiani), in un certo senso, "esportiamo" ospitalità e importiamo il denaro che i turisti spendono nel nostro paese.

Doreena: Che mistero tutti questi ministeri! Ma tu così diventerai un pezzo grosso.

Claudio: Campa cavallo ... Però mi va l'idea che l'Istituto per il Commercio Estero abbia una rete di uffici periferici in tutto il mondo.

Doreena: Anche in America?

Claudio: Anche in America, e anche a New York.

Doreena: Vuol dire che un giorno forse verrai qui a controllare la bilancia dei pagamenti?

Claudio: Si, ma adesso lasciami controllare il conto.

VOCABOLARIO

Aride:	dry
Artigiani:	artisans
Autonome:	independent
Benefico:	good, supportive
Carattere:	character
Colline:	hills
Comune:	comune
Controllare:	to check
Crescere:	to grow
Diritti:	rights
Diventare:	to become
Fabbriche:	factories
Garantire:	to guarantee
Godere:	to enjoy
Importare:	to import
Manufatti:	finished products
Materie prime:	primary resources
Mistero:	mystery
Mobili:	furniture
Ospitalità:	hospitality
Pagamenti:	payments
Province:	provinces
Scambi:	exchanges
Sopravvivenza:	survival

ESPRESSIONI

Bilancia dei pagamenti:	payment balance
Controllare il conto:	to check the bill
Divisioni amministrative:	administrative divisions
Entrata e uscita:	profit and loss
Entrata invisibile:	invisible profit
I.C.E.:	Italian Trade Commission
Ministero per i Beni e le Attività Culturali:	Ministry of Cultural Heritage and Activities
Moda Italiana:	Italian fashion
Rete di uffici:	office chain
Struttura costituzionale:	Constitutional structure
Un pezzo grosso:	big shot/important person
Un quarto:	one fourth
Uno sopra all'altro:	one on top of the other

SECONDA LEZIONE

Esercizio 1

Completare le seguenti frasi:

1. La struttura ... della Repubblica Italiana è ... da quella degli ...

2. Gli ... sono una federazione di Stati. La Repubblica Italiana è ...

3. Le regioni sono molto meno ... degli Stati americani.

4. Le regioni sono divise in ... Le ... sono divise in ...I ... sono divisi in ...

5. Le regioni a Statuto Speciale sono ...

6. Le regioni a ... godono di maggiore ... delle altre regioni.

7. Nella Val d'Aosta vivono minoranze di lingua ...

8. Nel Trentino Alto Adige vivono minoranze che parlano ... e ...

9. Nel Friuli Venezia Giulia vivono minoranze che parlano ...

10. La Repubblica Italiana è grande come ...

11. La popolazione italiana è pari a ... della popolazione americana.

12. L'Italia scarseggia di ...

13. L'Italia importa ...

14. L'Italia esporta ...

15. Le esportazioni fanno entrare in Italia ...

16. La ... è la differenza fra le entrate e le uscite di un paese.

17. Il Ministero del Commercio con l'Estero promuove e coordina ...

18. L'Istituto per il Commercio Estero è ... dove Pietro spera di ... servizio.

19. Il turismo è benefico ... di un paese.

20. Il turismo è una forma di entrata ...

21. L'Italia esporta ... e importa il ... che i turisti spendono.

22. Il turismo è un ... importante dell' ... italiana.

23. L'Istituto per il Commercio Estero ha una ... di ... in tutto il mondo.

Esercizio 2

Comporre delle frasi:

1. Costituzione ...
2. Unità ...
3. Federazione ...
4. Regione ...
5. Provincia ...
6. Comune ...
7. Autonomia ...
8. Amministrazione ...
9. Stato ...
10. Nazione ...
11. Superficie ...
12. Montagna ...
13. Agricoltura ...
14. Pregio ...
15. Commercio ...
16. Ministero ...
17. Turismo ...
18. Economia ...
19. Ospitalità ...
20. Ufficio ...
21. Periferia ...

Esercizio 3

Rispondere alle seguenti domande:

1. Cos'è l'Italia?
2. Cosa sono gli Stati Uniti?
3. Quante regioni ha l'Italia?
4. Quante province ha l'Italia?
5. Quanti comuni ha l'Italia?
6. Quale diritto è garantito alle minoranze etniche?
7. Le regioni italiane sono autonome quanto gli Stati Americani?
8. Quanti abitanti ha l'Italia?
9. Qual è il nome ufficiale dell'Italia?
10. L'Italia è ricca?
11. Di che cosa scarseggia l' Italia ?
12. Quali sono i manufatti che l'Italia esporta?
13. Cosa guadagna l'Italia con le esportazioni?
14. Qual è la valuta più pregiata?
15. Cos'è la bilancia dei pagamenti?
16. Qual è il Ministero che si occupa degli scambi con l'estero?
17. Che forma di entrata è il turismo?
18. Quali sono le entrate che il turismo procura all'economia italiana?
19. Cosa diventerà Claudio se vincerà il concorso?
20. Qual è la capitale d'Italia?

RICERCA INDIPENDENTE

Fare l'elenco delle venti regioni italiane con i rispettivi capoluoghi di provincia.

TEMA

Scrivere un tema di 100 parole sul turismo in Italia.

3

I VINI ITALIANI

È tardi. Palmina esce dall'ufficio (l'orario di lavoro è dalle dieci alle sei) ma non si dirige verso casa. Percorre un paio di isolati, entra in un portone, prende l'ascensore fino al settimo piano e suona il campanello accanto ad una porta a vetri dove c'è scritto: "Italvin Distribution Inc.". Viene ad aprire Milena, una ragazza un po' più giovane di lei, sui ventott'anni, con gli occhiali.

Milena: Sei puntuale! Io, invece, sono un po' in ritardo. Mi ci vorranno ancora una ventina di minuti per mettere a posto queste carte.

Palmina: Non ti preoccupare. Oggi è giovedì. I negozi chiudono alle nove. Abbiamo tutto il tempo per fare le nostre spese. Ma non vedo nessuno. Sei sola in ufficio?

Milena: Sola, solissima. Il capo è in vacanza. L'altra segretaria è in congedo per maternità perché aspetta un bambino che nascerà a settembre. È tutto sulle mie spalle. C'è una montagna di lettere arretrate da evadere e non ti dico le telefonate. Oggi ho fatto due ore di straordinario. Stamattina sono venuta un'ora prima e adesso, alle sei passate, sono ancora qui.

Palmina: Vedrai che tutto andrà bene.

Milena: Non vedo l'ombra di aumenti, ma devo fare tutto io. Il principale a momenti avrebbe voluto che tenessi anche i conti. Per fortuna abbiamo un contabile, che prende nota delle entrate e delle uscite. I misteri della partita doppia non sono per me.

Palmina: Ma su, non vedere tutto nero! Vedrai che un aumento lo avrai, con gli affari che vanno così bene. Parlami della produzione dei vini italiani.

Milena: L'Italia primeggia nel mondo nella produzione dei vini. Ogni regione produce vini di grande qualità. I vini della Basilicata, per esempio, sono ottenuti con vari vitigni, ma il più famoso è l'Aglianico di Vulture la cui coltivazione avviene nei terreni di pianura e di collina con terra vulcanica. È prodotto in quindici comuni della Valle del Vulture. La Campania già nell' antichità produceva vini molto pregiati. Il clima ed il suolo di questa regione permettono la coltivazione di uve uniche al mondo. In Emilia Romagna si produce una grande quantità di vino. Il più famoso è il Sangiovese. In Lombardia si producono eccellenti spumanti e pregiati vini rossi e bianchi. Il Piemonte è una delle regioni più amate dagli italiani per la sua vasta gamma di vini molto conosciuti ed apprezzati. La Puglia è la regione italiana con la più alta produzione vinicola. La sua produzione risale all'antichità. Oggi la Puglia conta 25 vini con la certificazione DOC (Denominazione di Origine Controllata).

Palmina: In tutta Italia si producono vini pregiati di alta qualità. Imparare a conoscere i luoghi di produzione è un'avventura affascinante, ma direi anche misteriosa.

Milena: In Italia ogni anno si producono circa 65 milioni di ettolitiri di vino. Secondo alcune indagini in media ogni italiano consuma in un anno circa 120 litri di vino. Pensa che l'industria vinicola occupa un milione di persone. Il 70% della prouzione italiana è di vini rossi e il 30% è di vini bianchi. La differenza di clima, altitudine, latitudine e le differenze fra i terreni permettono la grande varietà.

Palmina: Hai imparato molto dei vini italiani. Sei una grande conoscitrice!

Milena: Magari! Noi importiamo vini da molte regioni italiane.

Palmina: Gli affari, sono sicura, vanno bene.

Milena: A gonfie vele. Le ordinazioni di vini italiani ci piovono addosso da tutti gli Stati Uniti. Le nostre scorte di Chianti, di Bardolino, di Valpolicella, di Verdicchio, di Frascati e vino italiano DOC (tanto per nominare le richieste più comuni) si esauriscono in continuazione. Recentemente abbiamo avviato una sezione per la vendita online.

Palmina: Non vedo nè fiaschi nè bottiglie.

Milena: Ma no, ma no! I vini non li teniamo mica in ufficio. I vini sono nel nostro magazzino di Brooklyn. Vedi, noi non vendiamo ai consumatori. Come dice l'insegna sulla porta, noi siamo distributori o, se vuoi, grossisti. Ordiniamo i vini ai produttori italiani e poi li vendiamo ai dettaglianti americani. Noi fungiamo da tramite fra produttori e commercianti. È una posizione scomoda, perché qualche volta ci sono ritardi nelle consegne, le bottiglie si rompono, il vino spedito non corrisponde all'ordine...

Palmina: Già, bianco invece che nero...

Milena: C'è poco da ridere. Sapessi le lagnanze, i reclami! Interi ordinativi che non riusciamo a smerciare.

Palmina: Povera Milena. Ma, almeno, puoi sempre tirarti su il morale con un bicchiere di "quel bon" del magazzino di Brooklyn.

Milena: Smettila di fare la spiritosa. Lo sai benissimo che sono astemia.

Palmina: Via, via, non volevo offenderti. Piuttosto, come fai a cavartela con questa mole di corrispondenza, tu che hai studiato l'italiano solo un paio di semestri?

Milena: Trucchi del mestiere! Ma ora andiamo o troveremo tutto chiuso. I miei trucchi te li spiegherò un'altra volta.

VOCABOLARIO

Affari:	business
Più anziana:	older
Ascensore:	elevator
Astemia:	abstemious
Aumento:	increase
Bottiglie:	bottles
Cavartela:	to succeed/to be able to
Consumatore:	consumer
Contabile:	bookkeeper
Continuazione:	continuation
Dirigersi:	to go toward
Esaurire:	to run out
Evadere:	to take care of/to dispatch
Fiaschi:	flasks
Insegna:	sign
Isolati:	blocks
Lagnanze:	complaints

Magazzino:	warehouse
Mestiere:	trade
Percorrere:	to walk
Pratiche:	forms
Principale:	boss
Reclami:	complaints
Rompere:	to break
Scorte:	supply/stock on hand
Smettila!:	stop it!
Spedire:	to send
Solissima:	lonely
Straordinario:	overtime
Trucchi:	tricks

ESPRESSIONI

A gonfie vele:	extremely well
C'è poco da ridere:	there is very little to laugh about
Congedo per maternità:	maternity leave
È tutto sulle mie spalle:	it is all on my shoulders
Fungere da tramite:	to act as middleman
Il mistero della partita doppia:	the mystery of balancing the
non è per me:	is not for me
Interi ordinativi:	entire requests
Lettere arretrate:	backed-up mail
Mi ci vorrà ancorà:	still need...
Mole di corrispondenza:	huge amount of correspondence
Non essere così nera:	don't be so upset
Non ti preoccupare:	do not worry
Orario di lavoro:	schedule
Piovere addosso:	to pour out
Posizione scomoda:	uncomfortable position

Ritardi nelle consegne:	delay in the delivery
Riuscire a smerciare:	to be able to sell
Scala mobile:	cost of living raise
Sono astemia:	I don't drink alcohol
Sui ventotto anni:	about twenty eight years old
Tenere i conti:	to keep the books
Tirati su il morale:	lift up your spirits
Vende ai distributori:	wholesale

TERZA LEZIONE

Esercizio 1

Completare le seguenti frasi:

1. Palmina percorre un paio di ...

2. Palmina entra in un ...

3. Milena è sui ... anni.

4. Milena è un po' in ...

5. Eva ha bisogno di una decina di minuti per ... a posto delle ...

6. Il ... è in vacanza.

7. L'altra ... è in congedo per ... perché ...

8. Il lavoro è tutto sulle ... di Milena.

9. Molte lettere ... sono da ...

10. Eva ha fatto due ore di ...

11. In Italia per legge, gli ... di stipendio devono essere legati all'inflazione.

12. Gli aumenti di ... proporzionati all'inflazione si chiamano ...

13. Milena non vede ... di aumenti.

14. Il contabile prende nota delle ... e delle ...

15. La ... è un mistero per Milena.

16. Palmina dice a Milena di non essere così ...

17. L' "Italvin" ordina vini ai ... italiani e poi li ... agli americani.

18. Qualche volta ci sono ... nelle ... , ... si rompono, il vino spedito non ... all' ...

19. Qualche volta l'Italvin non riesce a ... interi ...

20. Eva può tirarsi su ... con un bicchiere di ... del ... di Brooklyn.

21. Ma Milena ...

Esercizio 2

Rispondere alle seguenti domande:

1. A che ora Palmina esce dall'agenzia di viaggi?

2. Qual è l'orario di lavoro?

3. Cosa c'è scritto sulla porta a vetri?

4. Cosa dice Milena a Palmina quando la vede?

5. Cosa ha ancora da fare Milena?

6. Dove vogliono andare Palmina e Milena?

7. Eva è in compagnia o è sola in ufficio?

8. Perché Milena è un po' giù?

9. Perché la collega di Milena è in congedo per maternità?

10. Quante sono le lettere arretrate da evadere?

11. Cosa vorrebbe avere Milena?

12. Che differenza c'è fra la scala mobile dei grandi magazzini e la scala mobile applicata agli stipendi?

13. A che cosa sono proporzionati gli scatti di stipendio?

14. Chi gode della scala mobile in Italia?

15. Il principale cosa avrebbe voluto che Milena facesse?

16. Cosa fa il contabile della ditta "Italvin"?

17. A Milena piace la partita doppia?

18. Cosa augura Palmina a Milena?

19. Come vanno gli affari della "Italvin"?

20. Perché?

21. Cosa succede alle scorte di vini che l'"Italvin" ordina dall'Italia?

22. Dove tiene l'"Italvin" le partite di vino che arrivano dall'Italia?

23. L' "Italvin" vende ai consumatori?

24. In mezzo a chi sta "Italvin"?

25. Quali sono gli inconvenienti che spesso si presentano?

26. Cosa provocano questi inconvenienti da parte dei clienti?

27. Come può tirarsi su il morale Milena?

28. Quanto tempo ha studiato l'italiano Milena?

29. Come fa a cavarsela Milena con tanta corrispondenza da evadere?

ANTOGIANNI

THE ANTOGIANNI WINERY AND VINEYARDS ARE LOCATED IN THE ANCIENT HILL TOWN OF MONTEFOSCOLI, A LITTLE MORE THAN HALF-WAY ALONG THE MOUNTAIN ROADS FROM FIRENZE TO PISA.

THE 85 ACRE ANTOGIANNI ESTATE, COMPRISING OLIVE GROVES, WHEAT FIELDS, AND VINEYARDS, LIES ON THE EDGE OF THE FAMOUS CHIANTI WINE AREA, NEAR THE CENTER OF TUSCANY.

THIS WINE IS PRODUCED FROM THE PREMIUM VARIETALS OF SANGIOVESE AND CABERNET SAUVIGNON. THE SANGIOVESE WAS HAND-PICKED AND FERMENTED IN GLASS LINED TANKS TO PRESERVE A FRESH STYLE. THE CABERNET WAS AGED IN NEW OAK BARRIQUES TO INTENSIFY THE FLAVORS AND TO ADD A DIMENSION OF COMPLEXITY TO THIS FINE WINE.

4

VERBI CHIAVE

Agnese è tenace ma, d'altra parte, Maria è di parola. Qualche giorno dopo le due ragazze si incontrano all'ufficio di De Cicco Market.

Agnese: Ciao, Maria. Sono venuta per farmi spiegare i segreti del mestiere.

Maria: Ma io scherzavo! Non c'è nessun segreto, nessun trucco. Piuttosto, mi sembri un po' giù.

Agnese: Sono giù perché le cose all'agenzia si stanno mettendo male e tira aria di licenziamento. E poi anche per altri motivi, diciamo più personali.

Maria: Cioè?

Agnese: Ti ricordi di quel mio amico italiano di cui ti ho parlato, Franco, quello che ho incontrato a New York qualche settimana fa? Ebbene, dall'Italia non mi ha mandato neanche una misera cartolina.

Maria: Tieni duro, tieni duro Agnese, e io ti aiuterò con i miei segreti.

Agnese: Sentiamo.

Maria: La corrispondenza commerciale italiana, secondo me, si basa su alcune formule e su alcuni verbi. Una volta che hai imparato questi, hai la chiave di tutto il meccanismo.

Agnese: Davvero?

Maria: Prendi il verbo "comunicare": è usatissimo in italiano e vuol dire informare, far sapere, dichiarare, indicare, mandare. E così il sostantivo "comunicazione", che vuol dire informazioni, dichiarazione, istruzioni ed anche lettera e conversazione.

Agnese: Ma allora, vuol dire tutto?

Maria: Non esageriamo! Poi si possono benissimo usare anche gli altri verbi più specifici, ma è un fatto che "comunicare" è un verbo chiave che si applica ad una quantità di situazioni.

Agnese: Un verbo tuttofare, insomma.

Maria: Quasi. E poi ci sono tanti altri verbi chiave. Siamo nel mondo del commercio, cioè degli scambi e del traffico delle merci; verbi chiave sono quindi spedire e ricevere, come pure vendere e comprare, pagare ed addebitare, e parole chiave sono anche spedizione e ricevuta, vendita ed acquisto, pagamento ed addebitamento. E poi ci sono regole su come si indirizza una lettera e sulla costruzione delle frasi...

Agnese: Basta, basta per carità!

Maria: Eh no, cara, non basta affatto. Gli scambi commerciali sono basati su numeri: numeri che indicano le quantità di merce ed i prezzi. Quindi devi sapere come scrivono i numeri gli italiani tutti capovolti...

Agnese: Come sarebbe a dire?

Maria: Forse non sarebbe male se ti esercitassi un po' a casa a scrivere i numeri all'italiana.

Agnese: Va bene. Vediamoci domani sera e poi, dopo un'altra lezione, potremmo magari andare al cinema.

VOCABOLARIO

Acquisto:	acquisition/buying/purchase
Addebitamento:	charge/debit
Applicare:	to apply/to use
Basarsi:	to be based on
Capovolti:	upside down
Cioè:	in other words
Comunicare:	to communicate/to indicate/to send
Comunicazione:	information/conversation/letter
Davvero:	really
Esagerare:	to exaggerate
Esercitare:	to practice
Indirizzare:	to address
Insomma:	in other words
Magari:	even
Magari!:	don't I wish
Meccanismo:	mechanism
Merce:	goods
Neanche:	not even
Pagamento:	payment
Piuttosto:	rather
Prezzi:	prices
Quasi:	almost
Ricevere:	to receive/to accept
Scambi:	exchanges
Scherzare:	to joke around
Situazione:	situation
Specifico:	specific/precise

Spedire:	to send
Tenace:	tenacious
Tuttofare:	does it all
Vediamoci:	let's see each other
Vendita:	sale

ESPRESSIONI

Altri motivi:	other reasons
Basta, per carità:	enough, for goodness sake
Come sarebbe a dire?:	what do you mean to say?
Costruzione delle frasi:	to formulate sentences
Essere di parola:	to keep one's word
Mettersi male:	to go bad/to look bad
Misera cartolina:	a lousy postcard
Non sarebbe male:	it wouldn't hurt
Scambi commerciali:	business transactions
Segreti del mestiere:	trade secrets
Sembrare un po' giù:	to seem depressed
Sua sollecita risposta:	your prompt reply
Suo devo.mo/devotissimo:	yours faithfully
Tira aria di licenziamento:	there are rumors of layoffs
Traffico delle merci:	traffic of goods
Verbi chiave:	key verbs

QUARTA LEZIONE

Esercizio 1

Tradurre le seguenti frasi:

1. Il pagamento in contanti ed il pagamento a respiro viene effettuato entro un certo periodo di tempo.

2. Il venditore deve cercare di soddisfare le esigenze del compratore.

3. Le spese sono a carico del committente.

4. Il committente è colui che spedisce la merce ad un commissionario perché sia venduta.

5. Il bollettino di consegna è un documento commerciale.

6. La fattura ordinaria è un documento della compravendita.

7. La fattura è un modulo che viene inviato al compratore, su cui sono scritte le condizioni del trasferimento della merce.

8. Ho ricevuto la Sua gradita del.

9. In possesso della stimata Sua del.

10. Ricevemmo a suo tempo la pregiata Vs in data.

11. Gradisca i nostri più distinti saluti.

12. Mi è gradita l'occasione per inviarle i miei ossequi, dichiarandomi Suo dev.mo.

13. Gradisca frattanto i nostri migliori saluti.

14. In attesa di una Vostra visita, vogliate gradire l'espressione dei nostri omaggi.

15. Ringraziamo per la cortese attenzione e La salutiamo cordialmente.

16. Attendiamo una Sua sollecita risposta in merito.

Esercizio 2

Rispondere alle seguenti domande:

1. Dove si incontrano Maria e Agnese?
2. Perché s'incontrano?
3. Perché Agnese è un po' giù?
4. Quando Lei fa un viaggio, manda cartoline agli amici?
5. Su che cosa si basa la corrispondenza commerciale italiana?
6. Che cosa vuol dire "comunicare"?
7. In che modo si usa il sostantivo "comunicazione"?
8. Quali sono alcuni verbi chiave nel mondo del commercio?
9. Quali sono i verbi chiave commerciali americani?
10. Quali sono alcune modalità di pagamento?
11. Che cos'è la compravendita?
12. Chi è il committente?
13. Che cosa fa il contabile?

Esercizio 3

Tradurre le seguenti frasi:

1. Vi preghiamo di comunicarci se potete fornirci i seguenti articoli.
2. I prezzi da Voi comunicaticci sono troppo elevati.
3. Favorite comunicarci prezzi e condizioni.
4. A seguito della nostra conversazione telefonica, confermiamo la nostra intenzione di acquistare una partita di dieci casse da 12 (dodici) bottiglie ciascuna di Asti Spumante 1987.
5. Favorite comunicarci se la merce è in magazzino.
6. Vi comunichiamo le informazioni ricevute dalla Banca Nazionale del Lavoro.

7. Siamo in possesso della Vostra lettera del 10 marzo u.s., con la quale ci comunicavate che la merce è stata imbarcata sul piroscafo "Città di Trapani".

8. Siamo in possesso della Vostra comunicazione datata 13 dicembre.

9. Vi comunichiamo che non abbiamo a tutt'oggi ricevuto alcuna notizia circa la spedizione della merce.

10. Il Vostro messaggio ci e stato comunicato in data odierna.

11. La spedizione della merce è stata effettuata in data 27 gennaio.

12. La vendita è stata effettuata con lo sconto del 10%.

13. Al momento non è possibile l'acquisto di grossi quantitativi della merce in questione poichè non ne sarebbe possibile lo smercio.

14. Il termine ultimo per il pagamento è il 31 dicembre.

15. Accusiamo ricevuta della merce richiesta.

16. La Banca Nazionale del Lavoro ci ha comunicato di aver addebitato l'importo della merce sul nostro conto corrente.

17. Perché non avete pagato l'importo della fattura al nostro rappresentante?

18. Paga lo stipendio al tuo impiegato. Paga il salario ai tuoi operai.

19. Questi conti non sono stati ancora pagati.

20. Questo assegno è pagabile presso qualsiasi banca.

Made in Italy

Italy exports to the rest of the world, and especially the United States, a myriad of products. Such items as food products, wine, leather goods like shoes and handbags, cars, high fashion and hi-tech design, etc. etc., but above all jewelry. In 2002 Italy exported almost $4 billion worth of jewelry globally. According to Italy's Institute of Statistics over $1 billion was imported by the United States, this was a 350 percent increase in just 10 years. It is a very significant percentage since the United States is considered the largest jewelry market in the world and Italy has more than 50% of that market's share.

Italian firms annually transform some 720 tons of silver, 1 ton of platinum, 600,000 carats of diamonds and approximately $487 million worth of coral and cameos into fine jewelry. The expertise of Italian jewelry is centered around the cities of Valenza Po in Piedmont, Arezzo in Tuscany, and Vicenza in the Veneto region and together they are considered Italy's Golden Triangle.

5

SE SON ROSE FIORIRANNO

Il giorno dopo le ragazze s'incontrano alle sei.

Agnese: Eccomi qua.

Maria: Siamo di buon umore, stasera.

Agnese: Sai com'è: ieri sera, tornando a casa, ho trovato una cartolina di Franco.

Maria: Vedi? Abbi fede. Se son rose fioriranno. Ma non commettere l'errore psicologico di rispondere subito. Fagli allungare il collo.

Agnese: Eccome, sta fresco! Io adesso devo pensare ai verbi chiave.

Maria: A proposito di questi verbi, vorrei accennare al modo in cui vengono usati nelle lettere commerciali italiane. Innanzi tutto, la prima regola è: una grande abbondanza di congiuntivi e condizionali.

Agnese: Mamma mia, sono così difficili! Specialmente quelli dei verbi irregolari.

Maria: Mi dispiace, ma devi andarteli a ripassare. Senza i congiuntivi ed i condizionali le lettere commerciali assumerebbero un tono troppo deciso e categorico addirittura maleducato. Le lettere commerciali, vedi, si riferiscono a trattative, spesso lunghe e complicate, per la conclusione di un affare. Le trattative richiedono tatto e diplomazia e devono lasciare sempre uno spiraglio aperto ad altre possibilità. Il congiuntivo ed il condizionale sono appunto i modi della possibilità o del dubbio.

Agnese: Adesso mi diventi anche filosofa.

Maria: Cosa vuoi, alla mia età...

Agnese: Non farmi ridere.

Maria: Comunque, questa è la ragione per cui le lettere commerciali italiane sono piene di frasi del tipo: "Qualora desideraste la consegna immediata della merce, Vi saremmo grati se voleste inviarci un assegno..."

Agnese: Che complicazione!

Maria: Ma no, ma no. È una questione di logica e di pratica. Ed ora vorrei aggiungere una regola, invece, abbastanza semplice.

Agnese: Meno Male!

Maria: Nelle lettere commerciali, quasi sempre chi scrive usa il pronome "noi" e si rivolge al suo corrispondente usando il "Voi." Il "Voi" si scrive con la lettera maiuscola e così "Vostro, Vostra, Vostri, Vostre", spesso abbreviati "Vs" mentre "nostro" è abbreviato "ns." La parola "Vostra" da sola, poi, vuol dire "la Vostra lettera." Però...

Agnese: Lo sapevo che c'era un però.

Maria: Il però riguarda "noi". Spesso, invece di noi, gli italiani usano la forma impersonale "si": è la terza persona singolare dei verbi, nelle loro lettere commerciali. Così, per esempio, uno può scrivere "Con riferimento alla pregiata Vostra del 6 agosto, desideriamo far presente che...", oppure "Con riferimento alla pregiata Vostra del 6 agosto, si desidera far presente che..."

Agnese: Ed io faccio presente che è ora di chiudere la seduta.

Maria: D'accordo. Il seguito alla prossima puntata.

VOCABOLARIO

Abbondanza:	abundance, plenty
Accennare:	to mention, to allude
Aggiungere:	to add
Artigianato:	handicraft; the artisan class
Assumere:	to assume
Categorico:	positive
Deciso:	decisive
Innanzi tutto:	first of all
Nostra:	our
Pregiata:	esteemed
Regola:	rule
Richiedere:	to demand
Tatto:	tact
Trattative:	negotiations, dealings
Vostra:	your

ESPRESSIONI

Abbi fede:	be patient, have faith
Andarteli a ripassare:	go (fam.sing.) review them
Che complicazione!:	How complicated!
Commettere l'errore:	to make the mistake
Data di spedizione:	shipping date
Eccome!:	you bet!
È ora di chiudere la seduta:	it is time to wrap up the session
Essere di buon umore:	to be in a good mood
È una questione di logica:	it's a matter of common sense
Fare presente:	to point out
Il seguito alla prossima puntata:	more to come
Mamma mia!:	dear me; my God!
Meno male!:	thank goodness
Non farmi ridere:	don't make me laugh
Sai com'è:	you know how it is...
Se son rose fioriranno:	if it is meant to be it will happen
Spiraglio aperto:	open
Stare fresco:	disillusion
Venire ad un accordo:	to come to an agreement

QUINTA LEZIONE

Esercizio 1

Rispondere alle seguenti domande:

1. Dove s'incontrano Agnese e Maria?
2. Cosa significa "se son rose fioriranno"?
3. Cosa vuol dire "fagli allungare il collo"?
4. Quali modi verbali si usano nelle lettere commerciali?
5. Cosa richiedono le trattative di affari?
6. Quali sono i pronomi che si usano nelle lettere commerciali?
7. Quale persona del verbo si usa dopo il "si"?

Esercizio 2

Completare le frasi della colonna A con le parole della colonna B.

A	B
1. Non c'è dubbio che l'artigianato italiano ...	avrebbe avuto tanto da fare.
2. Agnese non immaginava che ..	gli comunchiate la data di spedizione.
3. Il cliente chiede che...	sia fra i migliori del mondo.
4. Penso che sia sempre possibile ...	soddisfare le nostre richieste.
5. Ritengo che non siate in grado di	venire ad un accordo.

44

Esercizio 3

Scrivere una lettera di spedizione.

Esercizio 4

Tradurre in inglese:

1. Se le bottiglie fossero arrivate rotte i clienti sarebbero stati risarciti dei danni.
2. Ove ciò fosse possibile, sarebbe nostra intenzione concedervi un ulteriore ribasso.
3. Sempre che ciò sia possibile, è nostra intenzione concedervi un ulteriore ribasso.
4. I clienti speravano che i fiaschi sarebbero arrivati intatti, invece la metà erano in frantumi.
5. Le condizioni di pagamento sarebbero più favorevoli se il cliente desse maggiore affidamento.
6. Ove sia indispensabile, siamo disposti a concedervi una dilazione sui pagamenti.
7. Ove fosse necessario, saremmo disposti a concedervi una dilazione sui pagamenti.
8. Ove le condizioni del mercato lo consentano, incrementeremo le nostre esportazioni.
9. Ove le condizioni del mercato lo consentissero, incrementeremmo le nostre esportazioni.
10. Se fosse stato possibile, Franco sarebbe rimasto qualche altro giorno a New York.
11. Se sarà possibile, Agnese si prenderà una settimana di vacanza.
12. Qualora fosse possibile, Maria vorrebbe prendersi una settimana di vacanza.

13. Se fosse possibile, Maria si prenderebbe una settimana di vacanza.

14. Se fosse stato possibile, Agnese si sarebbe presa una settimana di vacanza.

15. Se avessimo avuto scorte sufficienti, vi avremmo inviato una seconda partita della merce.

PARTS OF A LETTER

Date

Recipient

Salutation

Object and body of the letter

Closing

Signature

6

L'OROLOGIO DI SAN SILVESTRO

Doreena: Ciao, Eva. Questa sera la nostra sarà una lezione volante. Dobbiamo correre all'ufficio postale prima che chiudano. Vieni qui, aiutami.

(Doreena finisce d'infilare nelle buste delle lettere uguali, tutte su carta intestata della Italvin. Quelle per destinatari italiani le mette in buste posta aerea, quelle con indirizzi americani in buste norrnali).

Eva: Andiamo. Tu potrai fare la fila allo sportello delle raccomandate e delle assicurate, mentre io spedirò questi pacchi, stampe e campioni senza valore.

(Prende una borsa con alcuni plichi avvolti in carta da pacchi e con buste gialle a sacchetto, e si avvia).

Doreena: Mi ci è voluto un po' ad imparare a fare i pacchi a regola d'arte, con lo spago ed i piombini, ma ora do dei punti al più esperto spedizioniere.

Eva: Vedo che le ricevute delle assicurate e delle raccomandate, comprese le raccomandate con ricevuta di ritomo, sono bell'e pronte.

Doreena: Cosa vuoi, col giro di posta che abbiamo, l'organizzazione è il segreto per andare avanti. Così, per esempio, non adoperiamo francobolli, ma abbiamo la macchina affrancatrice che fa risparmiare un sacco di tempo. Pensa a tutte le stampe con il materiale pubblicitario che spediamo continuamente.

Eva: Eh già, i volantini, gli opuscoli, internet, cose importanti per crearsi una clientela, un avviamento...

Doreena: Sono diventata bravissima nell' usare la bilancia; occorre stare attenti che un plico non superi il peso, altrimenti viene restituito al mittente. Un'altra cosa a cui bisogna fare attenzione è l'indirizzo, che dev'essere compilato in modo chiaro e completo, altrimenti ti toma indietro con la dicitura "destinatario sconosciuto". Anche in Italia un indirizzo non è completo se manca il "codice postale", abbreviato CAP.

Eva: Già, ed il CAP si scrive immediatamente prima del nome della città o paese dove si spedisce la lettera.

Doreena: Quindi io mi concentro molto quando scrivo indirizzi su lettere e cartoline, poi di solito le imbuco nella cassetta della posta all'angolo, un po' prima della levata delle cinque.
(Le due ragazze sono arrivate all'ufficio postale. Guardano le scritte sugli sportelli: informazioni, pacchi, vaglia, assicurate, raccomandate, espressi, caselle postali. Passano accanto alle buche delle lettere.)

Eva: In Italia i telegrammi si fanno all'ufficio postale. La gente paga le tasse, le multe, come pure le bollette della luce, del gas e del telefono, tutte per conto corrente postale, all'ufficio postale. Inoltre, i pensionati ricevono le pensioni mensili della Previdenza Sociale all' ufficio postale. Come da noi, anche in Italia, per quanto riquarda la data di spedizione di un documento, fa fede il timbro postale. Però, dimenticavo, in Italia i francobolli si comprano non solo all'ufficio postale, ma dal tabaccaio, che è il negozio dove si vendono anche i sigari, le sigarette ed il sale.

Doreena: Mamma mia! Parli come una postina, anzi, come una postina italiana! Ma come mai quest'entusiasmo per gli uffici postali?

Eva: Fanno parte dei miei ricordi. Quando ero a Roma, io e Paolo ci davamo sempre appuntamento a San Silvestro, alla Posta centrale, sotto l'orologio.

VOCABOLARIO

Abbreviato:	abbreviate
Acquistare:	to buy
Assicurate:	insured
Avviarsi:	to start to walk, on the way
Bollette della luce:	electric bill
Buche delle lettere:	mailboxes
Campioni:	samples
Caselle postali:	post office boxes
Concentrare:	to concentrate, to focus
Conto corrente postale:	money order
Corriere postale:	postal carrier
Dimenticare:	to forget
Effettuare:	to do, to make
Esigente:	demanding, hard to please
Francobolli:	stamps
Imbucare:	to mail

Indirizzo:	address
Macchina affrancatrice:	postage meter
Opuscoli:	booklets, brochures, pamphlets
Pacchi:	packages
Pensionati:	retired personnel
Pensioni mensili:	monthly social security checks
Piombini:	seals
Plichi:	parcels
Posta espressa:	express mail
Postino:	mailman
Previdenza sociale:	social security
Raccomandate:	registered letters
Reclamizzare:	to advertise
Ricevute:	receipts
Risparmiare:	to save
Scritte:	writings
Spago:	string
Spedizioniere:	freighter
Sportelli:	windows, booths
Stampe:	printed material
Suscitare:	to provoke, to stir up, to rise
Tabaccaio:	Tobacconist
Ufficio Postale:	post office
Vaglia:	money order
Volantini:	flyers

ESPRESSIONI

A regola d'arte:	the way it should be
Cassetta della posta:	mailbox
Col giro di posta:	with the postal service
Costare un occhio della testa:	to cost an arm and a leg; costs an eye
Destinatario sconosciuto:	addressee unknown
Levata delle cinque:	five o'clock pick up
Lezione volante:	quick lesson
Mi ci è voluto un po':	it took me sometime
Non passa il peso:	it's not overweight
Codice postale:	zip code
Raccomandate con ricevuta di ritorno:	registered letter with return receipt
Restituire al mittente:	to send back to the sender
Sono bell'e pronte:	they are ready
Un sacco di tempo:	a lot of time

SESTA LEZIONE

Esercizio 1

Rispondere alle seguenti domande:

1. Che cosa vuol dire una "lezione volante?"
2. Dove devono andare Doreena e Eva?
3. Che cosa devono spedire?
4. Cosa deve dare l'impiegato quando si spediscono raccomandate e pacchi?
5. Perchè non usano francobolli?
6. Che cosa usano per pesare i volantini, gli opuscoli ecc. ?
7. Cosa accade della lettera se passa il peso ?
8. A che cosa bisogna fare attenzione quando si scrive l'indirizzo?
9. Cosa significa la sigla CAP?
10. Dove si scrive il CAP quando si spedisce una lettera in Italia?
11. In Italia, dove si fanno i telegrammi?
12. Quali pagamenti si effettuano all'ufficio postale?
13. Dove si possono acquistare i francobolli in Italia?
14. Dove si incontravano Eva e Paolo quando lei era a Roma?

Esercizio 2

A. Scrivere una lettera per reclamizzare un nuovo prodotto.
B. Scrivere una lettera ad una ditta italiana per richiedere campioni e prezzi di nuovi prodotti.

LETTERA DI COMUNICAZIONE PER APERTURA
DI UN NEGOZIO

Mt. Vernon, 10 ottobre 20..

Egregio Signor Rossi
Via Impruneta, 2
51017 PESCIA

Gentile Cliente,

Le inviamo un opuscolo illustrativo del nostro negozio di abbigliamento femminile, situato in una delle vie principali della città.

Come può constatare dalle fotografie accluse, vi potrà trovare un ricchissimo assortimento di articoli, in grado di soddisfare la clientela più esigente. Se vuole acquistare un regalo per un'amica, può ordinare anche telefonicamente e le nostre commesse invieranno il pacchetto già confezionato.

Augurandoci di aver suscitato il Suo interesse, porgiamo distinti saluti.

Il Presidente

APPLICAZIONE PRATICA

Tradurre le segenti lettere:

Bologna, 30 settembre 20..

Spettabile Ditta
Fratelli Mignone
Via Larga l0
82019 Benevento (BN)

Egregi Signori:

Facendo seguito al nostro colloquio telefonico di ieri, Vi confermiamo la nostra ordinazione per gli articoli seguenti e per i quantitativi a fianco di ognuno indicati.

Vi preghiamo di dare a quest'ordine la Vostra sollecita attenzione e Vi inviamo i nostri distinti saluti.

Claudio Rossi

Firenze, 28 maggio 20..

Spett. Italvin
347 Lexington Avenue
New York, N.Y. 10016
U.S.A.

Gentili Signori,

Vi ringraziamo per l'ordinazione gentilmente trasmessaci con la Vostra in data 15 maggio, che abbiamo debitamente registrato.

La merce sarà pronta per la spedizione entro i termini fissati.

FIRMA

New York, 3 giugno 20..

Signor Biagio Dottista
DirettoreConsorzio dell' Argo Pontino
Via Zamboni, 60
00158 ANCONA (AN)

Egregio Signor Dottista:

Il nostro comune amico, il Signor Giuseppe Sporti, ci ha indicato l'indirizzo del Suo Consorzio come centro di produzione di vini di ottima reputazione.

Poichè noi trattiamo appunto vini italiani in qualità di grossisti, Le saremmo grati se volesse farci avere il Vs catalogo ed il Vs ultimo listino prezzi, indicando nel contempo le Vs abituali condizioni di pagamento e di consegna.

Se i Vs prezzi saranno confacenti, saremo lieti di entrare in relazione d'affari con Voi.

Con l'occasione ci pregiamo porgere distinti saluti.

FIRMA

Ancona, 10 giugno 20..

Signor Leonardo Pallone
Direttore
Italvin
347 Lexington Avenue
New York, N.Y. 10016
U.S.A

Egregio Signor Pallone,

La ringraziamo sentitamente per la Sua del 3 giugno u.s., il cui contenuto è stato da noi attentamente considerato.

Ci dispiace di non poterVi spedire il nostro nuovo catalogo illustrato poichè è al momento esaurito, alleghiamo tuttavia una copia di quello vecchio i cui prezzi non sono, ovviamente, aggiornti. I prezzi correnti sono indicati negli acclusi fogli dattiloscritti.

Per quanto concerne il pagamento, gradiremmo che esso venisse effettuato in contanti al momento dell'ordinazione, concedendoVi uno sconto del 5% sui prezzi indicati. In attesa di un Vostro cortese cenno di riscontro, distintamente Vi salutiamo.

Antonio Rosso

Here is a selection of the main regional specialties that the tourist should sample.

Piedmont—fonduta (cheese with eggs and truffles); agnolotti (stuffed pasta), and toffees, chocolates and marrons glaces.

Lombardy—risotto alla milanese (rice with saffron); minestrone (a substantial soup with stock and vegetables); osso buco alla milanese (knuckle of veal shanks with cutlets); cheeses, robiola, gorgonzola, stracchino, Bel Paese; panettone (a rich yeast-raised coffee cake flavored with candied citron and other candied fruit peel; it is the traditional cake given as gifts at Christmas).

Venetia—risi e bisi (soup with rice and peas); polenta (a cornmeal dish); zuppa di pesce (fish soup); scampi (prawns); fegato alla veneziana (calf's liver with onions).

Tuscany—bistecca alla Fiorentina (huge T-bone steak grilled over aromatic charcoal); arista (roast pork); cacciucco (fish soup); triglie alla livornese (red mullet cooked with tomatoes and oil).

7

LUISA E LE ABBREVIAZIONI

Sheila va da Luisa perché vuole imparare l'etichetta degli affari.

Sheila: Sono venuta per la nuova puntata del nostro corso accelerato.

Luisa: Che purtroppo, ahimè, non sarà l'ultima.

Sheila: Mi dispiace. Credevo ti divertissi a fare la maestra.

Luisa: Ma certo, sono ben lieta di farti un favore.

Sheila: Un grosso favore, perché le lettere commerciali mi serviranno se dovrò cercarmi un altro posto.

Luisa: A proposito di "sono ben lieta", nelle lettere commerciali si usano spessissimo espressioni come "siamo ben lieti", "abbiamo il piacere di...", "ci pregiamo di..."

Sheila: Già. Infatti una volta ho letto una lettera che diceva: "In risposta alla pregiata Vostra del 6 c.m." Ma che c'entrano i centimetri?

Luisa: Per carità. "C.M." non vuol dire centimetri, ma "corrente mese", cioe del mese in corso. Un'altra abbreviazione comune è "u.s." che vuol dire "ultimo scorso".

Sheila: Cioè?

Luisa: Te lo spiego con un esempio. Se in una lettera datata 29 agosto 20.., scrivo "In riferimento alla nostra del 19 febbraio u.s." vuol dire che mi riferisco ad una lettera del 19 febbraio 20.., cioè dell'ultimo 19 febbraio. E poi, da non dimenticare che c'è "p.v.".

Sheila: Un' altra abbreviazione!

Luisa: Si: Che vuol dire "prossimo venturo". Così se una lettera e datata 4 gennaio, "il 18 p. v ." è il 18 gennaio.

Sheila: A proposito, come s'indirizza una lettera?

Luisa: Ci sono vari sistemi. Un metodo molto comune è "Spettabile Ditta", e poi virgola, e a capo. Oppure si può scrivere il nome e indirizzo della Ditta e poi, sotto, "Egregi Signori", virgola, e a capo. Oppure si scrive il nome e indirizzo della ditta, si va a capo e si comincia la lettera.

Sheila: E come si chiude una lettera?

Luisa: Una formula piuttosto freddina, ma che va sempre bene è "distinti saluti" o "cogliamo l'occasione per porgere i nostri più distinti saluti". Oppure, se si vuol essere ultra rispettosi (per esempio con un cliente danaroso), si può arrivare agli ossequi dicendo "Con ossequi". Ma anche formule di uso più corrente, come "cordiali saluti" o "con i migliori saluti", vanno bene.

Sheila: Allora adesso so tutto della corrispondenza commerciale?

Luisa: E no, non ti fare illusioni. Però puoi cominciare ad esercitarti. Anzi, ti ho preparato un pacchetto di vecchie lettere che potresti studiare per conto tuo. Domani vado in vacanza per una settimana.

Sheila: Beata te! E dove?

Luisa: Da mia zia, al mare, a Wildwood, New Jersey.

Sheila: Ne approfitterò per scrivere a Vincenzo, gli manderò i miei "distinti saluti".

Luisa: Ma no! Non gli dare una doccia fredda. Penso che potresti arrivare almeno ai "cordiali saluti".

VOCABOLARIO

Abbreviazione:	abbreviation
Ahimè:	alas
Approfittare:	to take advantage
A proposito:	by the way
A proposito di:	in regard to
Cioè:	in other words
Distinti saluti:	very truly yours
Esercitarti:	to prepare
Illusioni:	illusions, delusions
Preparare:	to prepare
Spessissimo:	very often
Ultrarispettosi:	very formal
Vecchio:	old

ESPRESSIONI

Abbiamo il piacere di:	we have the pleasure of
Beata te!:	lucky you!
Cogliamo l'occasione per porgere:	we take this opportunity to send you
i nostri distinti saluti:	our kind regards
Cordiali saluti:	cordially yours
Corrente mese - c.m.:	current month
Corso accelerato:	intensive/accelerated course
In riferimento alla nostra del. :	in reference to our letter of
19 febbraio u.s:	February 19
In risposta alla pregiata vostra:	in reply to your esteemed letter
Non gli dare una doccia fredda:	don't give him a cold shoulder
Nuova puntata:	follow up
Ossequi:	my best regards
Per conto tuo:	by yourself
Prossimo venturo:	next month or next week
Riferire:	to refer
Saldo della fattura:	full payment
Saremo costretti:	we shall be forced
Siamo dev.mi Vostri:	we are, sincerely yours
Sono ben lieta:	I am very happy
Ultimo scorso - u.s. :	last
Vuol dire:	it means

SETTIMA LEZIONE

Esercizio 1

Completare le frasi

1. In conformità al Vs telegramma del 27 c.m. si inviano ...

2. Vi ringraziamo per il Vs ordine del 18 u.s. e ci affrettiamo a comunicaVi ...

3. Si invia qui allegata una fattura ...

4. Le condizioni di pagamento sono quelle ...

5. Facendo seguito alla nostra del 6 aprile u.s., si invia copia della lettera ...

6. La partita è stata consegnata ...

7. Troverete qui allegati i documenti di spedizione e la fattura della merce inviatavi a mezzo piroscafo in partenza dal 3 p.v. e diretto a ...

8. Si fa presente che la nostra del 18 marzo u.s ...

9. Se non ci invierete il saldo della fattura entro il 15 p. v. saremo costretti ...

10. Si telegraferà al ricevimento ...

Esercizio 2

Scrivere una frase usando le espressioni elencate:

1. Sono ben lieta ...
2. Abbiamo il piacere ...
3. Ci pregiamo di ...
4. In risposta alla pregiata Vostra ...
5. Corrente mese ...
6. Ultimo scorso ...
7. In riferimento a ...
8. Prossimo venturo ...
9. Spettabile Ditta ...
10. Egregi Signori ...
11. Distinti saluti ...
12. Disposti a trattare ...
13. In attesa di Vostri ordini ...
14. Vi informo che ...
15. Desideriamo esprimerVi tutta la nostra stima ...
16. Alleghiamo ...
17. Mi dispiace dover ...
18. Sono obbligato ...

Esercizion 3

Scrivere una lettera di risposta per un'ordinazione di merce che non può essere spedita.

8

LA CORTESIA È L'ANIMA DEL COMMERCIO

Siamo già ai primi di settembre. Sono le sei di sera, le ombre cominciano ad allungarsi. Katie fa visita a Paola al suo ufficio.

Paola: Ciao! Come va?

Katie: Ciao! Ma che bella tintarella! La vacanza al mare ti ha fatto proprio bene, ti trovo in gran forma.

Paola: Sì, mi sono proprio divertita. A dir la verità ho conosciuto un ragazzo ... lavora anche lui in un' agenzia di viaggi, come te ...

Katie: Ma guarda un po'! Beata te! Io invece sono stata tutto il tempo alle prese con le tue lettere commerciali. A proposito, le vecchie lettere che mi hai dato da studiare sono utilissime. Però mi accorgo che ho un sacco di lacune.

Paola: Cara mia, di lacune ne ho tante anch'io. Però c'è qualche punto a cui vorrei accennare oggi. Per esempio, spesso, nella corrispondenza commerciale ed anche, in generale, ufficiale italiana, prima del testo si indica l'oggetto della lettera. Noi riceviamo lettere con un oggetto di questo tipo: "Oggetto: Ordinazione di 100 casse Asti Spumante 1989". L'oggetto è il tema, l'argomento della lettera, indicato in breve.

Katie: E come si indica "copia a ... "?

Paola: Quando si devono inviare copie di una lettera a terzi, sulla lettera, in genere, si scrive "e p.c." e l'indirizzo dei terzi. "E p.c." vuol dire "e per conoscenza." Importanti sono anche le formule "a seguito della nostra del (e la data), " "con riferimento a ... ", "con la presente accusiamo ricevuta" o "con la presente Vi informiamo che ... " ("presente" vuol dire "questa lettera"). Poi c'è "per quanto riguarda ... ", "in quanto a ... " E poi ci sono tanti altri verbi chiave e parole chiave ...

Katie: Già, non ne abbiamo più parlato.

Paola: Siccome la cortesia è l'anima del commercio, devi imparare a ringraziare. In italiano "si ringrazia sentitamente" oppure "si ringrazia vivamente". Poi, siccome gli errori sono sempre possibili, è essenziale conoscere molti modi di chiedere scusa, come "scusarsi", "presentare le proprie scuse", "essere spiacenti", "dispiacersi" e così via. Come, pure, è importante saper perdonare, con verbi come "scusare", "accettare le scuse di qualcuno". Anzi, giacchè ci siamo, dovresti prendere nota anche di questi sostantivi utili nelle emergenze: errore, ritardo, disturbo, malinteso, contrattempo, svista, disguido.

Katie: Già, la lettera non è arrivata per il solito "disguido postale ... " Ma suonano alla porta. Chi può essere a quest'ora?

Paola:	Mi ero dimenticata di dirtelo. Ho un appuntamento; sai, il ragazzo che ho conosciuto al mare ... " (Paola apre la porta ed un giovanotto bruno con i baffi entra).
Katie:	Roberto!
Roberto:	Katie!
Paola:	Vi conoscete?
Katie:	Ma sì, siamo colleghi all'agenzia di viaggi!

VOCABOLARIO

Accennare:	to outline, to point out
Accorgere:	to become aware, to perceive
Agenzia di viaggi:	travel agency
Appuntamento:	appointment
Baffi:	moustache
Breve:	brief
Collega:	colleague
Commettere—pp commesso:	to do, to make
Contrattempo:	inconvenience
Copia a:	copy to ...
Disguido:	mishandled
Dispiacersi:	to feel sorry
Disturbo?:	am I disturbing you?
Effettuare:	to effect
Errore:	mistake
Indicato:	indicated, mentioned
Informare:	to inform
Malinteso:	misunderstanding
Oggetto:	object
Ordinazione:	order
Purchè:	as long as

Ritardo:	delay
Sconto:	discount
Scusarsi:	to apologize
Sopraindicati:	above-mentioned
Sostantivi:	nouns
Svista:	oversight
Tintarella:	sun-tan
Utilissime:	very useful

ESPRESSIONI

Accettino le scuse:	accept our apologies
Accusare ricevuta:	to acknowledge receipt
A seguito:	following
Come al solito:	as usual
Con la presente:	with this letter
Essere dispiaciuti:	to be sorry
Formule più usate:	most common phrases
In quanto a:	regard to
Le ombre incominciano ad allungarsi:	the day begin to shorten
Mi sono proprio divertita:	I really enjoyed myself
Prima del testo:	before the text
Qui acclusa:	enclosed herewith
Ringrazio sentitamente:	I thank you
Un sacco di lacune:	many flaws/gaps
Sono stata alle prese:	I have been very busy
Ti trovo in gran forma:	I find you in great shape

OTTAVA LEZIONE

Esercizio 1

Rispondere alle seguenti domande:

1. Dove fa visita a Paola, Katie?
2. Che ora è quando le due ragazze si incontrano?
3. Dov'è andata Paola in vacanza?
4. Chi ha conosciuto durante le vacanze?
5. Dove lavora il giovane?
6. Cosa fa Katie?
7. Quando legge le lettere commerciali, di che cosa si rende conto?
8. Prima del testo cosa si indica nella corrispondenza commerciale?
9. Quando si invia la copia di una lettera a terzi, cosa si scrive sulla lettera?
10. Quali sono le formule più usate in una lettera commerciale?
11. Quali sono i verbi chiave?
12. Che cos'è la cortesia nel commercio?
13. Come scusarsi se si commettono degli errori?

Esercizio 2

Comporre delle frasi con le espressioni elencate:

1. Ti trovo in forma ...
2. Essere alle prese ...
3. Avere lacune ...
4. E per conoscenza "e p.c." ...
5. A seguito della nostra del ...
6. Con la presente accusiamo ricevuta ...
7. Con la presente Vi informiamo che ...

8. Per quanto riguarda ...

9. Accettino le scuse di ...

10. Malinteso ...

11. Disguido postale ....

Esercizio 3

Tradurre in inglese:

Prot. N 10

4 ottobre 20..

OGGETTO: Fornitura 450 casse Asti Spumante.

Egregio Signore,

Qui acclusa Le rimettiamo la ns fattura n 100, relativa alla Sua commissione "Asti Spumante" n 15, evasa in data odierna. Le accorderemo uno sconto del 15% purchè il pagamento sia effettuato entro 20 (venti) giorni.

In attesa, porgiamo distinti saluti.

Mauro Bianco

Esercizio 4

Tradurre in inglese: Disposizione americana

Colle Val d'EIsa, 30 marzo 20..
Spett. Ditta Italvin
347 Lexington Avenue
New York, N.Y. 10016
U.S.A.

OGGETTO: Ordinazione di n. 200 casse di vini vari
Si accusa ricevuta, con i più vivi ringraziamenti, della pregiata Vs. del 20 febbraio u.s., con la quale ci avete trasmesso un'ordinazione di n 200 casse di vini da 12 bottiglie, da un litro ciascuna, così suddivise:

—N. 80 casse di bianco Cafaggio d'Oro;
—N. 50 casse Cafaggio Extra Riserva 2001;
—N. 70 casse Cafaggio Novello.

Il Vs. ordine sarà debitamente eseguito nel termine da Voi indicato, sempreché, naturalmente, ci pervenga tempestiva comunicazione dell' avvenuta apertura di un credito a ns favore, da parte della Banca Nazionale del Lavoro di Firenze, pari all'ammontare della partita di vino sopraindicata, già specificato nella precorsa corrispondenza.

Con successiva nostra Vi sarà data conferma della spedizione, e Vi verranno inoltre comunicati il nome della nave e la data presunta dell'arrivo a New York.

Nel frattempo, cogliamo l'occasione per porgervi distinti saluti,

Rosa DellaRosa

Trade News Bulletin

Italian Trade Commission, Wine and Food Center
499 Park Avenue, New York, NY 10022

TRADE NEWS REPLY FORM - RETURN VIA FAX (212) 758 - 1050

NAME_____ TITLE_____

COMPANY_____

ADDRESS_____

CITY_____ STATE_____ ZIP_____

TEL_____ FAX_____

Please process our request immediately and provide us with the latest product information on the following (please indicate company codes):

_____ _____ _____ _____

_____ _____ _____ _____

We are interested in receiving offers for the following Italian products (PLEASE BE SPECIFIC AS TO TYPES OF PRODUCTS AND SALES CONDITIONS):

_____

_____

_____

We are interested in remaining on your mailing list to receive future Trade News bulletins: ☐ Yes   ☐ No

Italian Trade Commission, 499 Park Avenue, New York, NY 10022 Tel: (212) 980-1500.

ISTITUTO ITALIANO PER IL COMMERCIO ESTERO (I.C.E.)
ITALIAN TRADE COMMISSION

The Istituto Italiano per il Commercio Estero -Italian Trade Commission, through its network of 80 offices worldwide provides the following services to foreign businesses:

- Catalogs of international trade fairs, conferences and conventions held in Italy, complete with the dates and information on the specific industrial sectors covered and relating to the promotion of foreign trade.

- General profile on the Italian economy, by industry and including current trends,as well as trade information on Italian customs, currency and technical regulations.

- Intelligence on the major industrial sectors in Italy including exports and imports. "The Italy File", available in English, includes general and specific data for the major industrial sectors.

- Listings of Italian businesses, interested in exporting or importing products, complete with product classification, addresses, telephone, fax and telex numbers as well as listings of Italian professional firms operating on an international scale and of their local correspondents (ie: lawyers, collection bureaus, adjusters, engineers, accredited test-

ing labs, interpreters and others).

- Disseminating requests for products or services in Italy. Italian firms, through the SICE electronic information system, are informed of all requests for goods or services collected by ICE offices world wide. The information is relayed via direct telex and fax communication, and through the publication of the weekly "ICE Journal".

- Arranging of meetings for specific trade groups and companies interested in developing business relationships.

- Scheduling of foreign trade missions to Italy, including visits to Italian fairs.

- Mediation in the amicable settlement of commercial disputes between Italian and foreign companies. In cases where settlement cannot be reached, the parties may be referred to lawyers, accountants or collection agencies for appropriate action.

As to this date, no user fees are charged to American companies for services rendered by the Italian Trade Commission Offices in the United States.

9

IL POSTO IN BANCA

Un mese dopo, a Roma.

Nella cassetta della posta, Giovanni trova una busta posta aerea con francobolli americani; la lettera è di Matilde, ed ecco cosa dice:

"Caro Giovanni,

scusa se non ho risposto prima alla tua cartolina, ma negli ultimi tempi ho avuto da fare per cercarmi un lavoro. L'agenzia di viaggi dov'ero impiegata mi ha licenziata, era sull'orlo del fallimento ed hanno dovuto ridurre il personale per poter contenere le spese.

Luciano voleva che facessi domanda dove lavora lui. Però il suo ufficio è a Boston ed io mi sarei dovuta trasferire là. Senza contare che la mia famiglia è qui ... e poi io sono affezionata a New York.

Gli impiegati con minore anzianità di servizio, come me, hanno perso il posto. Così mi sono trovata senza lavoro. Prendevo il sussidio di disoccupazione, ma ero lo stesso molto demoralizzata; andavo regolarmente all'ufficio di collocamento e leggevo gli annunci economici sui giornali, alla voce "offerte di lavoro/offerte di impiego." Ho persino messo un annuncio sul giornale, sotto le "domande di lavoro", ma la piccola pubblicità non mi serviva a nulla nè mi giovavano i colloqui con i capi del personale delle varie ditte. Un sacco di belle parole, promesse che mi avrebbero tenuto in considerazione, ma tutto invano.

Per fortuna, la settimana scorsa, sono stata assunta dalla Banca Nazionale del Lavoro. E sai chi mi ha aiutata? Il mio collega Enrico Bambo, quello che ti era antipatico: suo zio è uno dei dirigenti della banca.

Per il momento sono allo sportello, ma il dottor Lo Giudice, lo zio di Enrico, mi ha detto che, una volta che avrò fatto un po' di pratica, mi assegnerà al settore dove penso di poter rendere di più. Adesso mi occupo di conti correnti: depositi e prelievi.

Questo è appena l'abc del lavoro bancario, ma occorre lo stesso la massima attenzione. Ieri, per esempio, mi sono accorta di aver cambiato un assegno che non era stato girato. Per fortuna il cliente non era ancora uscito dalla banca ed ho fatto in tempo a farlo firmare sul retro dell'assegno.

Alla fine della giornata, poi, i conti devono tornare e noi degli sportelli non possiamo andare a casa finché non abbiamo messo in ordine tutto il contante e gli assegni.

Un' altra materia di cui mi occupo sono i libretti di risparmio ed i certificati di deposito vincolati a tre mesi, sei mesi, un anno, eccetera. Gli interessi che offrono ai risparmiatori sono competitivi rispetto a quelli delle altre banche di New York, e così pure i nostri tassi di sconto sui prestiti che facciamo.

Come le altre banche straniere — circa trecento, una ventina delle quali italiane — che operano a New York, la nostra banca (vedi che la considero già mia) è organizzata in conformità alle leggi americane e, in particolare, a quelle dello Stato di New York.

Però occorre avere un'idea di come le operazioni bancarie si svolgono in Italia; così sto imparando a decifrare gli estratti di conto corrente italiani, che danno il quadro delle entrate e delle uscite o, se vuoi, dei debiti e crediti di un conto corrente durante un certo periodo, nonchè il saldo finale. So anche riconoscere gli assegni italiani, sia quelli normali che quelli circolari, che sono emessi da una banca e quindi offrono la massima garanzia di copertura. So anche cos'è una girata: non un giretto nel parco, ma la firma sul retro di un assegno.

Vedi come sono informata? D'altra parte è solo una settimana che faccio la "banchiera", o dovrei dire "bancaria"? Tu potresti aiutarmi a mantenere la calma in questa ridda di milioni. Intanto, mi farebbe tanto piacere avere tue notizie.

Cari saluti,
Matilde

BANKING

In Italy there are three types of checks which are popular: the ordinary check or "assegno bancario" may or may not be crossed or "sbarrato"; the bank draft or "assegno circolare", issued by banks and payable to bearer at sight, is empowered by law and negotiable by simply endorsing. The traveller's check or "assegno turistico" can be cashed at any bank according to the current foreign currency, and it is valid for six months.

The check or "assegno bancario" is a credit title with which a person can pay a debt to another individual or can order a certain sum of money to be payable to himself.

Bills of exchange—Draft or "Cambiale"

A bill of exchange or draft is a credit title which contains an order to pay a determined sum or "ordine di pagare una determinata somma" or a promise of payment—"pagherò".

The "cambiale" has three parties: the drawer ("traente"), the payee ("prenditore") and the drawee ("trattario"). It must show the date of payment ("scadenza"), the name and the address of the payee and the stamp ("bollo") may be required. The endorsement is called "girata," the endorser is the "girante" and the endorsee is the "giratario." The formula used is: "Pagate per me al Signor ... " followed by the signature of the endorser. If the payment is not done on the due date a judicial action will take place.

VOCABOLARIO

Annuncio:	advertisement
Antipatico:	obnoxious, unpleasant
Assegno circolare:	bank draft
Banchiere:	banker
Certificati di deposito vincolati:	money market certificates
Colloquio:	interview
Contante:	cash, money
Contenere:	to contain
Decifrate:	to decode
Demoralizzato:	demoralized
Dirigente:	manager, executive
Disoccupata:	unemployed
Ditta:	firm
Estratto di conto corrente:	bank statement
Giovare:	to be useful, to be helpful
Girata:	endorsement, endorsed
Impiegata:	employee
Impiegati:	employees
In conformità:	in compliance/conformity with
Interesse:	interest rate
Libretto di risparmio:	savings account
Licenziare:	to fire
Personale:	personnel
Offerte di lavoro:	job offers
Promesse:	promises
Regolarmente:	regularly
Ridurre:	to reduce
Risparmiatori:	depositors
Saldo finale:	balance
Settore:	section, department
Spese:	expenses

Ufficio di collocamento:	employment office
Ultimi tempi:	lately

Espressioni

Cambiare un assegno:	to cash a check
Cercarmi un lavoro:	to find myself a job
Domanda di lavoro:	job application
Minore anzianità di servizio:	less seniority
Mi sei antipatico:	I don't like you
Mi sono accorta:	I realized
Non serviva a nulla:	it was not useful
Perdere il posto:	to lose the job
Rendere di più:	to be more useful
Sono stata assunta:	I was hired
Sull'orlo del fallimento:	on the edge of bankrupcy
Sussidio di disoccupazione:	unemployment benefits
Tenere in considerazione:	to give consideration to, to keep in mind
Un sacco di parole:	a lot of rhetoric

NONA LEZIONE

Esercizio 1

Rispondere alle seguenti domande:

1. Cosa trova Giovanni nella cassetta della posta?
2. Chi ha scritto a Giovanni?
3. Perché Matilde ha tardato a scrivere?
4. Che cosa ha fatto l'agenzia di viaggi?
5. Chi ha perso il posto?
6. Perché gli impiegati hanno perso il posto?
7. Cosa riceve una persona quando non lavora?
8. Dove andava Matilde regolarmente?
9. Dove ha messo un annuncio?
10. Di solito come finiscono la maggior parte dei colloqui con i datori di lavoro?
11. Quando è stata assunta Matilde?
12. Dove lavora?
13. Chi l'ha aiutata?
14. Di che cosa si occupa in banca?
15. Quale errore stava per commettere Matilde?
16. Quando possono andare a casa gli impiegati della banca?
17. Quali sono alcuni tipi di conti bancari?
18. Come sono gli interessi offerti dalla Banca Nazionale del Lavoro?
19. Quante banche straniere ci sono a New York?
20. Come sono organizzate le banche straniere?
21. Quali conti offrono la massima garanzia di copertura?
22. Cos'è una "girata?"
23. Cosa sta per accadere all'Euro?

24. Come si chiama la Sua banca?

25. Quali conti si scelgono per depositare il denaro?

26. Secondo Lei, come potrebbe far fruttare il Suo capitale?

Esercizio 2

Scrivere frasi con le seguenti espressioni:

Annunci economici; essere disoccupato/a; offerte di lavoro; domande di lavoro; essere demoralizzato/a; dirigenti della banca; rendere di più; depositi e prelievi.

Esercizio 3

Mettere un annucio sul giornale alla voce "Domande di impiego."

New York, 14 ottobre 20..
Spett. Ditta
Montefiore
52 East 49th St.
New York, N.Y. 10017

Gentili Signori,

Con riferimento all'inserzione da Voi pubblicata sul giornale Italoamericano "America Oggi" in data odierna, nella quale cercate un ragioniere che sia anche in grado di tenere la corrispondenza in italiano ed in inglese, mi permetto di sottoporVi la mia candidatura per il posto in questione.

Ho 26 anni. Ho conseguito il diploma di Bachelor of Science (summa cum laude) nel giugno 2001 presso la Fordham University di New York, dove la mia prima materia di studio è stata la contabilità e la seconda l'italiano. Ho inoltre frequentato corsi di francese.

Immediatamente dopo il conseguimento del diploma ho soggiornato in Italia per due anni, frequentando i corsi dell'Università per Stranieri di Perugia.

Dal 9 novembre 2001 al 19 giugno 2009 ho prestato servizio in qualità di addetta alla ricezione clienti presso l'agenzia di viaggi "Eurotravel", dalla quale sono stata licenziata per riduzione di personale.

Per la mia preparazione ed esperienza ritengo di possedere i requisiti necessari all'adempimento delle mansioni da Voi indicate, e Vi sarei grata se voleste concedermi un colloquio al riguardo. Accludo le lettere di presentazione del direttore della "Eurotravel" e del mio professore d'italiano alla Fordham University.

Con la speranza che la presente venga presa in benevola considerazione, porgo distinti saluti.

Cristina M. Piazza

200 Sarah Ave.
Mt. Vernon, N.Y. 10552
tel. (914) 668-1123
all.

New York, 29 agosto 20..

Ufficio del Personale
Banca Nazionale del Lavoro
45 East 53rd St.
New York, N.Y. 10019

Gentili Signori,

A sequito delle istruzioni telefoniche ricevute dal Dottor Francesco Gambe, allego il mio curriculum vitae, nella speranza che venga benevolmente considerato ai fini di una mia possibile assunzione presso la Vostra Spett. Banca.

Con viva considerazione.

Cristina M. Piazza

all.
CP/rdr

CURRICULUM VITAE

Cristina M. Piazza

nata a Roccasecca, il 23 dicembre 19...

Indirizzo: 200 Sarah Ave.
Mt. Vemon, N.Y. 10552
tel. (914) 668-1123

STUDI COMPIUTI

—Diploma di Bachelor of Science (summa cum laude) conseguito presso la Fordham University di New York (giugno 1995); prima materia di studio: contabilità; seconda materia di studio: italiano;

—Diploma di perfezionamento in lingua e letteratura italiana conseguito presso l'Università Italiana per Stranieri di Perugia (dicembre 2000);

—Diploma del corso avanzato di francese conseguito presso l'Istituto Francese di New York (giugno 2008)

ESPERIENZA DI LAVORO

Dal 9 novembre 2007 al 19 giugno 2008 addetta alla ricezione clienti presso l' "Eurotravel" (550 Fifth Avenue, New York, N.Y. 10019, tel. 212/983-4541).

Perugia, 27 novembre 20..

ALLE AUTORITÀ COMPETENTI

Sono lieto di presentare la Signorina Cristina M. Piazza.

La Signorina Piazza ha frequentato per un anno questa Università, seguendo corsi di lingua italiana, etruscologia (perfezionamento), letteratura italiana del Rinascimento e cinema italiano.

In qualità di mia allieva durante il corso di perfezionamento in italiano, ho potuto constatare la sua serietà e profitto nello studio: so che la mia impressione è condivisa dai colleghi insegnanti degli altri corsi.

La Signorina Piazza ha fatto grandi progressi nella conoscenza dell'italiano e della cultura italiana durante gli anni di permanenza presso la nostra Università.

Sono convinto che, grazie all' ottima padronanza della nostra lingua e cultura, potrà svolgere in modo eccellente qualunque mansione richieda competenza in queste materie.

Prof. Giovanni Cucinare

Prof. Giovanni Cucinare
Titolare della Cattedra di Lingua Italiana
Università Italiana per Stranieri
Piazza Fortebraccio
60100 Perugia (PG)
Italia

LETTERE DI ASSUNZIONE

New York, 12 dicembre 20..

Cristina M. Piazza
200 Sarah Ave.
Mt. Vernon, N.Y. 10552

Gentile Signorina,

Con riferimento alla Sua nota del 14 u.s. ed al curriculm vitae allegato, La preghiamo di voler cortesemente prendere contatto con la Signora Pamela Bellezza di quest' Ufficio del Personale (tel. 212/874-4141, interno 257), onde fissare un appuntamento per discutere la possibilità di un Suo eventuale inserimento nelle file dei nostri organici. Ci è gradita l'occasione per porgerle distinti saluti.

FIRMA

New York, 12 dicembre 20..

Gentile Signorina
Cristina M. Piazza
200 Sarah Ave.
Mt. Vernon, N.Y. 10552

Con riferimento alla Sua lettera del 18 u.s., la S.V. è gentilmente pregata di telefonare alla Signora Pamela Bellezza di quest' Ufficio Personale (tel. 212/874-4141, interno 257), onde fissare un appuntamento per esaminare la possibilità di una Sua eventuale assunzione presso la nostra Banca.

Voglia gradire distinti saluti.

Giovanni Pomeroi

10

CAMBIALI A COLAZIONE

Patrizia e Nino fanno colazione insieme.

Nino: Come va il lavoro alla banca?

Patrizia: Oggi mi hanno messo al reparto cambiali.

Nino: Le cambiali! Ecco un mezzo di pagamento senza il quale il commercio si fermerebbe.

Patrizia: Davvero?

Nino: Le cambiali, infatti, fanno felici tutti. Da un lato danno un po' di respiro al compratore che può acquistare un articolo e pagare più tardi; dall'altro danno al venditore la prova di un credito esigibile senza altre formalità alla scadenza del termine fissato sulla cambiale.

Patrizia: Già, mi pare che il termine possa essere a trenta giorni, a tre mesi, a sei mesi o anche a vista, cioè con pagamento alla presentazione.

Nino: Vedo che stai imparando rapidamente. Le cambiali si distinguono comunque in due grandi categorie: il "pagherò" e la "cambiale tratta". Il pagherò presuppone due protagonisti: colui che promette di pagare (detto "emittente") e colui che riceverà il pagamento, il beneficiario del titolo (detto "prenditore"). La cambiale tratta (o, semplicemente, tratta) presuppone tre protagonisti: colui che dà l'ordine di pagamento (detto "traente"), colui a cui l'ordine di pagamento è rivolto (detto "trattario"), e colui che deve ricevere il pagamento, il beneficiario del titolo (detto "prenditore").

(Arriva il cameriere.)

Patrizia: Due hamburgers a mezza cottura e due caffè.

Nino: C'è da osservare che le banche giocano un ruolo importantissimo nel meccanismo delle cambiali perché quasi sempre il "trattario" (colui che deve pagare la somma indicata su una tratta) è appunto una banca. E poi c'è la tratta privilegiata ...

Patrizia: E che cos'è?

Nino: Una cambiale tratta che il prenditore (cioè il beneficiario) può presentare alla banca prima della scadenza del termine ed ottenere il pagamento, meno una certa percentuale che rappresenta il profitto della banca e si chiama "sconto". Le operazioni di sconto sono dunque un altro importante aspetto del ruolo delle banche nel traffico delle cambiali. Naturalmente una cambiale tratta dev'essere accettata ed autorizzata dal traente per avere piena efficacia. E se una cambiale non viene onorata alla scadenza si dice che va "in protesto".

Patrizia: Sei un fenomeno, Nino! Ma dimmi un po', che ne è di Tommaso?

Nino: L'ho visto un paio di volte, ma sbrighiamoci a finire gli hamburgers ed a tornare in ufficio o ci rimetteremo il posto.

VOCABOLARIO

A favore di:	in favor of, payment to
All'ordine:	to the order of
Anticipatamente:	in advance
A tre mesi:	in three months
Autorizzata:	authorized
A vista:	on sight
Banca:	bank
Cambiale:	bill of exchange, draft
Cambiale a vista:	bill of demand
Cambiale tratta:	finance bill
Dividere:	to divide
Dunque:	therefore
La somma:	the sum
L'importo:	amount
Migliori saluti:	best regards
Oltremodo grati:	very grateful
Prenditore:	receiver, payer
Profitto:	profit
Reparto:	division
Ringraziare:	to thank
Ruolo:	role

Sbrigarsi:	to hurry up
Scadenza:	expiration
Sconto:	discount, interest
Spiccare:	to interest
Traente:	drawer
Traffico di cambiali:	use of bills of exchange
Trattario:	drawee
Viene onorata:	accepted, honored
Un paio di volte:	a couple of times
Affari urgenti:	urgent business

ESPRESSIONI

Che ne è:	what about
Ci rimetteremo il posto:	we will lose our job
Far fronte:	to take care, to face
Giro di posta:	by return mail
Per avere efficacia:	to be good, to be effective
Sei un fenomeno:	you are great/phenomenal

DECIMA LEZIONE

Esercizio 1

A. Scrivere una richiesta di rinnovo di effetto in scadenza.

B. Scrivere una cambiale all'ordine proprio.

Esercizio 2

Rispondere alle seguenti domande:

1. In quale reparto lavora Patrizia?
2. Sono utili le cambiali?
3. Quali sono i vari termini delle cambiali?
4. In quante categorie si dividono le cambiali?
5. Chi sono i protagonisti della cambiale?
6. Chi è il trattario?
7. Chi è il prenditore?
8. Che cos'è la tratta privilegiata?
9. Che cos'è lo "sconto"?
10. Se una cambiale non è onorata alla scadenza come si chiama?

Esercizio 3

Fare un paragone tra le operazioni bancarie americane e quelle italiane.

Mario Pulito
Direttore
Consorzio del Vino Chianti
Via di Porta Romana
55171 FIRENZE (FI)
ITALY

Firenze, 8 maggio 20..

Spettabile
Italvin
347 Lexington Avenue
New York, N.Y. 10016
U.S.A.

Gentili Signori,

Dovendo far fronte ad alcuni urgenti impegni, Vi saremmo oltremodo grati se voleste autorizzarci a spiccare tratta su di Voi all'ordine della Banca Nazionale del Lavoro di New York, per l'importo della ns fattura del 10 aprile u.s ..

Con la speranza di ricevere la Vs autorizzazione a giro di posta, Vi ringraziamo anticipatamente per la cortesia che vorrete usarci e Vi preghiamo di voler accettare i nostri migliori saluti.

Mario Pulito

RACCOMANDATA

Livorno, 10 marzo 20..

Spett.
Azienda Vinicola Cristiano
Casella Postale 51
50961 Colle Val d'EIsa (FI)

Come da accordi verbali, si allega, per la prescritta accettazione, la ns. tratta spiccata su di Voi all' ordine della Banca Commerciale Italiana, filiale di codesta città. L'importo della tratta è pari a quello della ns. fattura n. 75 del 21 febbraio u.s., relativa alla spedizione di n. 60 casse di vini alla Ditta Italvin di New York.

Poichè la ns casa di spedizioni deve far fronte a notevoli spese, si sarà grati di un pronto adempimento.

Distinti saluti.

Giovanni L. Papa

Giovanni L. Papa
Direttore
Papa e Figli
Spedizioni Internazionali
Viale Benardino, 11
55012 LIVORNO (LI)

all.

ESEMPI DI TRATTA

Julia S. Formaggio
S Independence Dr.
New York, NY 10001

New York, 5 novembre 20..   B.P. €10.000.-

Bollo

   Pagate a vista questa cambiale al Signor .
   ...., Long Island, la somma di €10.000.-

                                             Firma

B.P. stands for Buono per

Uso del pagherò

Albina Torta
48 Freedom St.
New York, N.Y. 10060

New York, 10 dicembre 20..   B.P. €10.000.-

Bollo

   A tre mesi pagherò per questa cambiale alla Signora
   ....la somma di €10.000.(diecimila).

                                             Firma

Latina, 15 marzo 20..

Spett.
Credito Italiano
Piazza Umberto, 2
00197 ROMA (RM)

Con riferimento al credito per l'importo €5.000.000.- (cinquemilioni) aperto a nostro favore presso di Voi dalla Ditta Italvin di New York, Vi comunichiamo che in data odierna abbiamo tratto su di Voi per l'importo di €1.340.000.- (unmilionetrecentoquarantamila) all'ordine della Ditta Macchine Agricole Carrano di Roma.

Vogliate gradire distinti saluti.

Rag. Domenico Vanità

Rag. Domenico Vanità
Direttore
Consorzio dell'Argo Pontino LATINA (LT)

11

IL RE D'INGHILTERRA NON PAGA

Palmina decide di scrivere una lettera ad Antonio

New York, 31 maggio 20..

Caro Antonio,

   sei ingiusto con me. Riccardo è un carissimo amico e basta. Gli devo però una gratitudine immensa per avermi aiutata a trovare un lavoro che mi piace e che offre possibilità di avanzamento. Questo è anche quello che mi dice il dottor Ragazzi, lo zio di Riccardo, che continua a farmi cambiare ufficio così che io possa avere un'infarinatura di tutti i servizi: un trattamento riservato solo agli elementi promettenti.

Adesso sono al piano di sopra, al servizio prestiti. Il dottor Ragazzi mi ha spiegato che i prestiti sono la spina dorsale di una banca, perché è soprattutto grazie ad essi che una banca realizza i suoi profitti. Infatti "vende" denaro in cambio di altro denaro che si chiama "interesse".

Siccome la maggior parte delle transazioni d'affari si basa su denaro preso in prestito, i tassi d'interesse stabiliti dalle banche sono di vitale importanza per l'andamento dell'economia. Ecco perché tutti stanno ad osservare il "prime rate", cioè il tasso d'interesse che una banca concede ai suoi migliori clienti.

Il prime rate è, a sua volta, determinato dal tasso d'interesse che il "Federal Reserve Bank" pratica alle singole banche. Il Federal Reserve Bank, detta semplicemente "Fed", è la banca centrale degli Stati Uniti, l'equivalente americano di quella che in Italia è la "Banca d'Italia." La BCE, (la Banca Centrale Europea), coordina tutte le Banche Centrali Nazionali europee. È la BCE che decide la politica monetaria e non più le single banche nazionali come la Banca d'Italia.

Mi accorgo di non aver tradotto "prime rate"; infatti la traduzione italiana non c'è. In questo, come in parecchi altri casi, le banche italiane parlano inglese. D'altra parte molti termini bancari inglesi derivano dall'italiano: basta pensare a "bank", che viene dritta da "banca". Così siamo pari!

Nel Medio Evo gli Italiani furono i primi banchieri del mondo occidentale; la loro prima funzione fu il prestito, prestavano anche ai re d'Inghilterra che, regolarmente, si dimenticavano di saldare i debiti.

Da che mondo è mondo il problema principale per banche e banchieri (pensiamo ai prestiti al Terzo Mondo di oggi) è stato come assicurarsi una garanzia su beni mobili (gioielli, merci, derrate alimentari) che si chiama "pegno"; mentre un diritto di garanzia su beni immobili (case, terreni) si chiama "ipoteca".

È molto comune, per le banche, concedere prestiti per l'acquisto di case: questi prestiti si chiamano "mutui" oppure "mutui ipotecari".

Qualche volta una terza persona si rende garante del prestito presso la banca con un atto che si chiama "fideiussione:" una parola che forse un giorno riuscirò a pronunciare.

Intanto però, perché non mi scrivi una lunga lettera premio?

Tua affezionatissima

Palmina

VOCABOLARIO

Acquisto:	acquisition
Affittare:	to rent
Aiutare:	to help
Ambedue:	both
Apertura:	opening
Avanzamento:	advancement, promotion
Basta:	enough
Cassetta:	box
Chiave:	key
Chiusura:	closing
Condizioni:	conditions, terms
Consegnata:	given
Debitore:	debtor
Dimenticare:	to forget
Elencare:	to list
Fideiussione:	guarantee
Fornitura:	supply

Garante:	guarantor
Gratitudine:	gratitude
Immensa:	immense
Importanza:	importance
Infarinatura:	a lot of everything
Infatti:	in fact
Ingiusto:	wrong, ungrateful
Interesse:	interest
Ipoteca:	mortgage
Medio Evo:	Middle Ages
Migliore:	best
Modulo:	form, application
Munita:	equipped
Mutuo:	loan, mortgage
Osservare:	to watch, to look
Porgere:	to send
Possibilità:	possibility
Pregare:	to recommend
Prendere (pp preso):	to take
Prestito:	loan
Profitti:	profits
Realizzare:	to achieve, to make
Regolamenti:	regulations, rules
Riservato:	reserved
Serratura:	lock
Siccome:	since, as
Soprattutto:	above all
Transazioni:	transactions
Trattamento:	treatment
Utilizzata:	to sell
Vitale:	vital

ESPRESSIONI

Al piano di sopra:	upper floor
Assicurarsi una garanzia:	to ensure a guaranty
Beni immobili:	real estate
Beni mobili:	consumer goods, personal chattels
Cambiare uffici:	change departments
Canone annuo d'affitto:	yearly rate charge
Cassetta di sicurezza:	safe deposit box
Ci è gradita l'occasione:	we take this opportunity
Con attenzione:	carefully
Concedere prestiti:	to ok the loans
Così siamo pari:	this way we are even
Da che mondo:	on the other hand
Elementi promettenti:	promising individuals
Funzionario addetto al servizio:	person in charge
La maggior parte:	the majority of
L'uso contemporaneo:	presently used
Mutuo ipotecario:	mortgage loan
Prime rate:	best rates, prime rates
Primi banchieri:	first bankers
Problema principale:	the main problem, the main concern
Saldare i debiti:	to pay the debts
Servizio prestito:	loan department
Si basa:	is based
Spina dorsale:	back bone
Tassi d' interesse:	lending rates, interest rates
Terza persona:	third party
Transazioni d'affari:	business transactions
Trattamento riservato:	special treatment

UNDICESIMA LEZIONE

Esercizio 1

Rispondere alle seguenti domande:

1. Secondo Lei, perché Antonio è ingiusto?
2. Perché Palmina è grata a Riccardo?
3. A Palmina piace il suo lavoro?
4. Perché lo zio di Riccardo fa cambiare ufficio continuamente a Palmina?
5. In quale reparto lavora Palmina?
6. Secondo il dottor Ragazzi che cosa rappresentano i prestiti per una banca?
7. sono alcune operazioni che una banca può effettuare?
8. Perché sono importanti i tassi d'interesse?
9. Chi stabilisce il "prime rate"?
10. Come si chiama l'equivalente del "Federal Reserve Bank" in Italia?
11. Chi furono i primi banchieri del mondo occidentale?
12. Quale fu la funzione delle prime banche?
13. Come si possono garantire i debiti?
14. Come si chiamano i prestiti per l'acquisto di case?
15. Quando si usa il termine "fideiussione"?

Esercizio 2

Scrivere una lettera chiedendo un prestito.

Servizio Cassette di Sicurezza

Torino, 2 gennaio 20..
Gentile Signora
Maria Elena Calzi
Via Belmeloro, 1
17100 TORINO (TO)

Gentile Signora,

Le inviamo il modulo che elenca le condizioni necessarie all'affitto di una delle nostre cassette.

Ogni cassetta è munita di due serrature apribili con chiavi diverse; è necessario l'uso contemporaneo di ambedue le chiavi sia per l'apertura che per la chiusura.

Una chiave viene consegnata al cliente, l'altra rimane in banca per essere utilizzata dal funzionario addetto al servizio in questione.

Le cassette sono di metallo, sono munite di serratura, estraibili e di varie dimensioni; sulla variazione di queste ultime si basa il canone annuo d'affitto, i cui regolamenti La preghiamo di leggere con attenzione.

In attesa di Sue comunicazioni, ci è gradita l'occasione per porgerLe distinti saluti.

Banca di Credito

Il Funzionario

12

DOLLARI E FUSI ORARI

Jessica scrive ad Alessandro dicendo che sarà lieta di aiutare Cinzia.

New York, 3 novembre 20..

Caro Alessandro,

Ma certo che darò una mano a tua sorella Cinzia, quando verrà a New York! Anche se credo che una ragazza così in gamba, un'avvocatessa scelta per far pratica presso un grande studio legale come quello di Fava e Mignone, saprà cavarsela egregiamente da sola.

Io, comunque, potrò aiutare Cinzia innanzi tutto per il cambio di valuta. Infatti, a proposito di cambi, ho di nuovo cambiato ufficio (ma questo è l'ultimo spostamento), ed ora sono addetta alla Divisione internazionale della banca, che tratta le operazioni bancarie connesse con l'estero.

Tua sorella potrà acquistare presso il mio ufficio dollari in cambio di Euro e viceversa, secondo le quotazioni indicate nel listino dei cambi a cui apportiamo variazioni ogni mattina. Ma in realtà le quotazioni vere variano in continuazione perché le valute dei diversi paesi vengono scambiate ininterrottamente sui mercati di tutto il mondo. Difatti, per la differenza di fuso orario, quando a New York è mezzanotte ed i mercati sono chiusi, a Tokio è mezzogiorno ed il mondo finanziario è in piena attività. Le banche ed i cambia-valute (che sono dei professionisti che si occupano esclusivamente di cambi) cercano di realizzare profitti giocando appunto su queste variazioni a ritmo frenetico e speculando sulle tendenze al ribasso o al rialzo delle varie divise.

Poi potrò effettuare per tua sorella trasferimenti di capitale da e per l'Italia. Penso che come praticante avvocatessa sarà piuttosto squattrinata e così i suoi trasferimenti saranno piuttosto "da"! Aspetterà con ansia le vostre rimesse ed i vostri vaglia internazionali.

Le banche possono effettuare pagamenti e riscossioni da un paese all'altro perché sono tutte collegate; il collegamento è di due tipi: tramite filiali e tramite banche corrispondenti. Noi siamo una filiale della Milanobank italiana, ma il collegamento più comune è quello della corrispondenza.

Due banche si dicono corrispondenti quando ognuna ha un conto corrente presso l'altra; grazie a questi due conti correnti reciproci, le banche possono procedere a reciproci accreditamenti ed addebitamenti.

Tutte le grandi banche internazionali sono legate da rapporti di corrispondenza. A loro volta, poi, le grandi banche sono corrispondenti delle banche minori del proprio paese. Così, di corrispondenza in corrispondenza, tutte le banche del mondo fanno parte di una rete di collegamenti che rende possibile effettuare pagamenti e riscossioni da e per gli angoli più sperduti della terra.

È a questa rete di corrispondenti che si deve la possibilità degli scambi commerciali internazionali. Senza le banche il commercio internazionale crollerebbe. Pensa, per esempio, alla possibilità di spiccare tratte da un paese all' altro, e pensa alle "lettere di credito".

Senza le lettere di credito buona parte delle merci non si muoverebbero da una nazione all'altra. Salvo in casi di eccezionale fiducia reciproca, l'esportatore non spedirebbe la merce prima di essere pagato, e l'importatore non effettuerebbe il pagamento prima dell'arrivo della merce. Così il commercio internazionale si fermerebbe.

Ma ecco che entra in scena la "lettera di credito". Questa è un documento che serve al venditore a riscuotere il prezzo della merce presso una banca locale, una volta accertata l'avvenuta spedizione, ma quando questa è ancora in viaggio, prima che la merce stessa raggiunga il compratore. Questo, beninteso, sia nel caso del commercio interno che internazionale.

Come sai, le operazioni bancarie internazionali sono quasi sempre denominate in dollari.

Ma a Cinzia i misteri dell'alta finanza non interesseranno certo, quello che le premerà sarà l'arrivo del sospirato vaglia, necessario per la sopravvivenza, ed il sapere che qui ha un'amica, che è la vostra affezionatissima

Jessica

VOCABOLARIO

Adempire:	to fulfill
Affari:	business
Avvertenza:	warning
Avvocatessa:	lawyer
Banca d'Italia:	Bank of Italy
Beninteso:	of course, needless to say
Capitale:	capital, principle
Cavarsela:	to get off
Collegamento:	connection, association
Collegate:	connected, incorporated
Comportarsi:	to behave
Compratore:	buyer
Connesse:	connected, related
Conti reciproci:	reciprocal accounts
Controlli:	controls
Corrispondenti:	connected, correspondents
Costituita:	established
Crollare:	to collapse
Divisa:	currency
Eccezionale:	exceptional
Economisti:	economists
Effettuare:	to effect, to execute
Esclusivamente:	exclusively
Esente:	exempt, free
Estero:	overseas, abroad
Filiali:	branches
Fornitivi:	provided to you
Giocando:	playing
Impedito:	stopped
Ininterrottamente:	uninteurrupted, continuously
Internazionale:	international

Merci:	goods
Mezzanotte:	mid-night
Mezzogiorno:	noon
Nè ... nè	neither ... nor
Occupare:	to deal, to handle
Pervenire:	to arrive
Posseduti:	possessed
Presso:	at
Principiante:	beginner, novice
Profitti:	profits
Raggiungere:	to reach
Realizzare:	to accomplish
Recupero:	recovery
Richiestivi:	requested to you
Riscossione:	collection
Riscuotere:	to collect
Saldo:	payment in full
Sfuggire:	to escape, to avoid
Sopravvivenza:	survival
Speculando:	speculating
Studio legale:	law firm
Tratta:	takes care/draft
Valute:	currencies
Versamento:	payment

ESPRESSIONI

Addetta alla divisione internazionale:	in charge of the national division
Adire le vie legali:	to take legal action
A vostro favore:	in your behalf
Banche domiciliate fuori gli	Bank outside
Stati Uniti:	of USA
Cambio di valuta:	currency exchange
Cambiare ufficio:	to change departments
Dare prontamente corso alla	to get your application
Vostra pratica:	immediately
Da sola:	by herself
Far pratica:	internship, practice
Fiducia reciproca:	reciprocal trust
Fuso orario:	time zone
Grandemente stupiti:	greatly surprised
Improvvise dimissioni del	unexpected resignation of
nostro contabile:	our bookkeeper
In cambio di Euro:	in exchange of Euro
Innanzi tutto:	first of all
Listino dei cambi:	exchange list
Ma certo:	but of course
New York Credito Italiano:	Credito Italiano New York branch
Per tua sorella:	on your sister's behalf
Propri impegni:	one's own engagements
Ragazza in gamba:	intelligent young lady
Rimandare i pagamenti:	to postpone payments
Secondo le quotazioni:	according to regarding quotations
Speculare al rialzo:	to bull
Speculare al ribasso:	to bear
Tutto il mondo:	all over the world
Varie divise:	different currencies, various currencies

DODICESIMA LEZIONE

Esercizio 1

Rispondere alle seguenti domande:

1. Dove lavorerà Cinzia?

2. Che professione esercita?

3. In quale reparto lavora Jessica?

4. Cosa potrà acquistare Cinzia presso l'ufficio di Jessica?

5. Perché le quotazioni variano in continuazione?

6. Che ora è a New York quando a Tokio è mezzogiorno?

7. Chi si occupa di cambi?

8. Cosa possono effettuare le banche?

9. Quali sono i tipi di collegamento?

10. Quando due banche si dicono corrispondenti?

11. Quali sono i rapporti che legano le banche internazionali?

12. Secondo Lei, che importanza hanno le banche?

13. Che funzione hanno le lettere di credito?

14. Come sono denominate le operazioni bancarie internazionali?

Esercizio 2

Tradurre le lettere precedenti.

Esercizio 3

Scrivere una lettera ad un avvocato incaricandolo di procedere legalmente per un caso di mancato pagamento.

Domanda di pagamento con insistenza

Latina, 20 gennaio 20..

Spett. Italvin
347 Lexington Avenue
New York, N.Y. 10016 U.S.A.
e p.c. Avv. Bemardo Giardino
Corso Reagan, 80
00158 LATINA (LT)

Vi abbiamo già scritto in data 5 c.m. per pregarVi di inviarci il saldo della ns fattura n°138, datata 1/11/20.., relativa ai vini fornitiVi, e siamo fortemente stupiti di non aver ancora ricevuto l'importo richiestoVi nè, almeno, un cenno di riscontro.

Senza dubbio Vi renderete conto che il nostro Consorzio deve far fronte ai propri impegni e che saremmo nell'impossibilità di condurre i nostri affari se tutti i nostri clienti si comportassero come Voi, effettuando i pagamenti oltre i termini convenuti.

Vi preghiamo pertanto ancora una volta di farci pervenire un assegno a saldo, con l'avvertenza che, se non lo riceveremo entro trenta giorni dalla data della presente, daremo incarico al nostro avvocato di adire le vie legali per il recupero della somma in questione.

Distinti saluti.

Angelo Branca

Saldo di pagamento

New York, 4 febbraio 20..

Spett.
Consorzio dell'Agro Pontino
Via Bush, 88
00158 LATINA
ITALY

Si allega la copia della ricevuta del versamento effettuato a Vs favore in data di ieri presso la filiale di New York del Credito Italiano, affinchè Vi sia rimessa una somma in Euro equivalente a dollari U.S.A. 16.570, al cambio ufficiale di ieri.

Si prega di accettare le più vive scuse per il ritardo nel pagamento sopraindicato, nonchè per il nostro silenzio. Cause di forza maggiore dovute alle improvvise dimissioni del nostro contabile ci hanno impedito di dare prontamente corso alla Vs pratica, come è nostra abitudine e come possono attestare i nostri numerosi fornitori italiani.

Fiduciosi nella Vs. comprensione e sperando nella migliore collaborazione futura, porgiamo distinti saluti.

Harry Espaillat

13

ALLO STUDIO LEGALE

Cinzia: Pronto. Fava e Mignone.

Jessica: Pronto, vorrei parlare con l'avvocato Cinzia Cautillo. Chi parla prego?

Jessica: Jessica Cinema. Un momento, prego.

Cinzia: Pronto?

Jessica: Pronto? Sono Jessica.

Cinzia: Oh, ciao, che piacere sentirti! Mio fratello mi ha parlato tanto di te.

Jessica: Spero in senso buono! Volevo dirti che la mia mamma vorrebbe che tu venissi a cena da noi domani sera, poi potresti dormire da noi e la mattina torneremmo in città insieme. Così faresti l'esperienza di una notte a Queens!

Cinzia: Che bellezza! Volentieri!

Jessica:	Pensavo di venirti a prendere domani sera alle cinque e un quarto, lavoro poco lontano. Ridammi l'indirizzo esatto dello studio.
Cinzia:	550 Park Avenue, quindicesimo piano.
Jessica:	Allora arrivederci a domani sera.
Cinzia:	Arrivederci e grazie.
	(La sera dopo, l'anticamera dello studio legale "Fava e Mignone." Jessica entra. La segretaria addetta alla ricezione è momentaneamente assente. Varie porte aperte mostrano pareti ricoperte di scaffali alti fino al soffitto, colmi di volumi rilegati. Passa un giovane alto con i capelli grigi.)
Michele:	Desidera qualcosa?
Jessica:	Cercavo l'avvocatessa Cinzia Cautillo.
Michele:	Eccola qui. (Una ragazza bruna, snella, con un tailleur viola)
Jessica:	Cinzia!
Cinzia:	Jessica! Proprio così t'immaginavo.
Jessica:	E tu sei il ritratto di tuo fratello!
Cinzia:	Beh, prendiamolo come un complimento. Vogliamo andare? Oh, scusa, ti presento Michele Hoya, uno dei migliori avvocati dello studio. Michele, questa è Jessica Cinema, un'amica di mio fratello. Vieni via anche tu?
Michele:	No, purtroppo non posso. Devo impostare un caso piuttosto complicato di eredità contestata. Dovrò scartabellare un bel po' di sentenze su quei libri e chissà che ora farò.
Jessica:	Li deve leggere tutti?
Michele:	Beh, proprio tutti no, ma è indispensabile per un avvocato sapere cosa i giudici hanno deciso in casi analoghi, cioè conoscere la giurisprudenza su una questione. Questo è importante soprattutto per noi che siamo regolati dal diritto anglosassone; in paesi come

l'America e l'Inghilterra i giudici godono di una vastissima libertà nella stesura delle loro sentenze. In Italia e negli altri paesi nella sfera del diritto romano, invece, tutto è stabilito in modo uniforme nei codici (codice civile, codice penale, codice di procedura civile, codice di procedura penale) ed i poteri decisionali dei giudici sono molto più ristretti. Devono attenersi ai codici e non possono lasciarsi influenzare troppo dalle avvocatesse carine.

Cinzia: Michele, smettila.

Michele: Andate, andate ragazze. Beate voi! Non pensate a me, alle prese con ultime volontà, testamenti, decessi e simili.

(Cinzia e Jessica entrano nell'ascensore.)

Jessica: Ma che simpatico quel tuo collega, ti fa la corte?

VOCABOLARIO

Analogo:	analogue
Anglo-sassone:	Anglo-Saxon
Ascensore:	elevator
Attenersi:	to keep to
Colmi:	filled with
Corte:	court
Decidere:	to decide
Diritto:	(right), law
Giudice:	judge
Giurisprudenza:	law
Indispensabile:	indispensable
Lasciarsi:	to allow
Magistratura:	body of judges
Pareti:	walls

Purtroppo:	unfortunately
Questione:	issue, matter
Ricoperte:	covered
Ristretti:	tight, narrow
Scaffali:	book shelves
Scartabellare:	to look through, to skim through
Snella:	slim, slender
Soffitto:	ceiling
Stabilito:	established
Vastissima:	vast, immense

ESPRESSIONI

Che piacere sentirti!:	What a pleasure to hear from you!
Chissà che ora farò:	Who knows when I will finish
Codice di procedura penale:	Code of crirninal procedure
Devo impostare un caso:	I have to plan a case
Diritto romano:	Roman law
Eredità contestata:	contested inheritance
Fare la corte:	to flirt
Faresti l'esperienza:	you would have the experience
segretaria addetta:	the secretary in charge
Mi ha parlato tanto di te:	He spoke so much about you
Piuttosto complicato:	rather complicated
Prendere come un complimento:	to take as a compliment
Proprio così:	just like that/this
Ritratto di tuo fratello:	your brother's image
Spero in senso buono:	I hope in a positive way
Sullo sfondo:	in the background
Uno dei migliori avvocati:	one of the best lawyers
Volumi rilegati:	bound books

N.B. in modern Italian avvocatessa can be replaced by the word avvocato.

TREDICESIMA LEZIONE

Esercizio 1

Scrivere una lettera d'invito.

Esercizio 2

Completare le seguenti frasi:

1. Io volevo dirti ...

2. Faresti l'esperienza ...

3. Pensavo di ...

4. L'indirizzo è ...

5. La segretaria addetta ... era assente.

6. Cercavo l'avvocatessa ...

7. Parla con l'avvocato ...

8. T'immaginavo ...

9. Vogliamo andare ...

10. Ti presento l'avvocato ...

11. È indispensabile sapere ...

12. In Italia tutto è stabilito in modo ...

13. I poteri decisionali dei giudici sono ...

14. I giudici devono attenersi ...

15. Non pensate alle ...

Esercizio 3

Rispondere alle seguenti domande:

1. A chi telefona Jessica?

2. In che cosa consiste l'invito di Jessica?

3. Qual è l'indirizzo dell'ufficio di Cinzia?

4. Cosa c'è nell'anticamera dello studio legale?

5. Com'è Cinzia?

6. Chi è Cinzia?

7. Cos'è indispensabile conoscere per un avvocato?

8. Cosa deve impostare l'avvocato Michele?

9. Di che cosa godono i giudici americani?

10. Quali sono i codici legali italiani?

11. Descrivere brevemente uno studio legale.

MODA MADE IN ITALY

Italy and fashion are indeed synonymous. Italy has elevated fashion to an art form that is wearable, always masterful, but not necessarily expensive. Italian fashion emanates from a culture that has an incomparable wealth of artistic heritage, and a tradition of commitment to the highest standards of creativity, design, workmanship, and fabrication.

A devotion to excellence underscores the entire process of creating and producing Italian apparel and accessories. From the spinning of the fibers and the weaving of the fabric to the design, cut, and finish of the garment, artisanal pride is evident in every detail.

Apparel and accessories made in Italy are designed to appeal to discriminating men and women who demand the finest, know the difference, and are not willing to compromise. In every facet of menswear and womenswear, from formalwear to sportswear, knitwear to footwear, as well as in leather-goods and accessories, the "Made in Italy" designation stands for incomparable quality and exceptional value.

Courtesy of N.Y. Italian Trade Commission

14

UN AVVOCATO RACCONTA

Cinzia:	Due posti vicini, che fortuna!
Jessica:	L'ora di punta sulla metropolitana è un assalto. Ma, per tornare alla mia domanda ...
Cinzia:	No, Michele non mi fa la corte, se è questo che vuoi sapere, ma si è autonominato mio "padrino", mi aiuta perché sono così sperduta!
Jessica:	Sperduta tu? Un'avvocatessa?
Cinzia:	È vero, ho la laurea in legge ed ho superato l'esame di procuratore, ma il diritto americano è tutto diverso dal nostro, e gli studi legali sono organizzati in modo diverso dai nostri.
Jessica:	Davvero?
Cinzia:	Sono molto più grandi e svolgono molte pratiche che da noi sono di competenza dei notai.
Jessica:	Dei notai? Ma com'è possibile? Spesso sono dei cartolai che autenticano le firme nel retro bottega.

Cinzia: Eh no. Da noi un notaio è un pezzo grosso: ha la laurea in giurisprudenza ed ha superato un esame difficilissimo, dopo aver fatto pratica nello studio di un altro notaio. E altro che retrobottega! Ha tanto di ufficio, che si chiama "studio" (come nel caso degli altri professionisti). I nostri notai, così, non si limitano ad autenticare le firme, ma preparano i testamenti, stendono gli atti notori, gli atti di donazione, di divisione, i contratti di compravendita, compilano gli atti costitutivi e gli statuti delle società. I notai, in Italia, hanno la competenza di tutti quegli atti per i quali la legge richiede assolute garanzie di verità e legittimità. In Italia, per esempio, i notai assistono alle estrazioni delle lotterie. Da noi, infatti, si presume che un notaio dica la verità, ed un notaio può essere contraddetto solo mediante querela per falso. Gli avvocati, invece, in Italia, sono competenti solo per le cause, le controversie.

Jessica: Insomma, siete nati per litigare.

Cinzia: Già, per cercare il cavillo, come dice mio fratello. Anche qui, però, quanto a cavilli, da quello che ho visto, gli avvocati non scherzano! E poi, anche qui ci sono le specializzazioni; chi tratta solo il diritto civile, chi si occupa solo del diritto penale. Però, da noi, c'è anche un altro diritto che regola i rapporti in cui una delle parti è lo Stato o un altro ente pubblico: il diritto amministrativo.

Jessica: E la tua specialità qual è?

Cinzia: Grazie per avermi dato della specialista. A dire la verità vorrei fare la civilista.

Jessica: Hai mai difeso cause in tribunale?

Cinzia: Come no!. Il tribunale sarebbe per le cause di minore gravità, cioè di minore entità pecuniaria. Comunque, in Italia le cause civili si discutono soprattutto per iscritto, a colpi di memorie che si chiamano "comparse". Qualche volta sono stata l'avvocato del querelante e qualche volta del querelato. Non avrei la forza di trattare le cause penali; pensare che la libertà dell'imputato è nelle mie mani. Meno male che in Italia non abbiamo la pena di morte! Nell'ambito del diritto civile, che è vastissimo, vorrei comunque dedicarmi al diritto societario. E con le società multinazionali che si moltiplicano, la mia esperienza allo studio Fava e Mignone sarà oltremodo preziosa.

Jessica: Mamma mia! La nostra fermata! A momenti mi sfuggiva.

VOCABOLARIO

Ambito:	limits
Assistere:	to assist
Autenticare:	to legalize, to certify
Autonominato:	self-proclaimed
Cartolaio:	stationery/store
Causa:	lawsuit
Cavilli:	captious objections
Civilista:	lawyer specialized in civil law
Contraddire (pp contraddetto):	to contradict
Corte d'appello:	Court of Appeals
Davvero:	really
Discutere:	to discuss
Garanzia:	guarantee
Illegale:	illegal
Imputato:	defendant
Legale:	legal
Legittimità:	legitimacy

Libertà:	Freedom
Limitarsi:	to limit oneself
Moltiplicare:	to multiply
Notaio:	notary
Padrino:	godfather
Pratiche:	files
Procuratore:	attorney
Querela:	lawsuit, indictment
Querelante:	plaintiff
Querelato:	defendant
Retrobottega:	back room/storage room
Richiedere:	to require
Scherzare:	to joke
Sfuggire:	to escape, to slip away
Sperduta:	lost
Stendere:	to draw up, to draft
Studio:	office
Testamento:	will
Trasgredire:	to infringe
Tribunale:	law court

ESPRESSIONI

A momenti mi sfuggiva:	I almost missed it
Atti di divisioni:	survey procedure
Atti di donazione:	donation procedure
Assistere alle estrazioni delle lotterie:	lottery drawing
Competenza dei notai:	notary expertise
Contratto di compravendita:	contract of purchase
Diritto americano:	American law
Diritto amministrativo:	administrative law
Diritto civile:	civil law
Diritto penale:	penal law
Dopo aver fatto pratica:	after some practice
È nelle mie mani:	it is in my hands
La nostra fermata:	our stop
Laurea in giurisprudenza:	degree in law
L'ora di punta:	rush hour
Minore gravità pecuniari:	minor offense, misdemeanor
Oltremodo preziosa:	extremely helpful
Pena di morte:	death penalty
Per iscritto:	in writing
Società multinazionali:	multi-international corporations
Superare l'esame:	to pass the exam

QUATTORDICESIMA LEZIONE

Esercizio 1

Rispondere alle seguenti domande:

1. Che laurea ha Cinzia?

2. Quale esame ha superato?

3. Che differenza c'è tra un notaio americano ed un notaio italiano?

4. Quali sono alcune funzioni del notaio italiano?

5. Come si può contraddire un notaio italiano?

6. In che cosa sono competenti gli avvocati italiani?

7. Quali sono alcuni diritti legali?

8. In che cosa si vorrebbe specializzare Cinzia?

9. Dove sono discusse le cause civili in Italia?

10. Come si discutono le cause civili in Italia?

Esercizio 2

Completare le seguenti frasi:

1. L'ora di punta ...

2. Faccio la corte ...

3. Mi sono autonominato ...

4. Gli studi legali sono ...

5. Il notaio è ...

6. Ho la laurea in ...

7. I nostri notai ...

8. Hanno la competenza di ...

9. I notai assistono ...

10. Il notaio può essere contraddetto soltanto ...

11. Gli avvocati si occupano ...

12. Vorrei fare ...

13. Le cause civili si discutono ...

14. La libertà dell'imputato ...

15. La mia esperienza si moltiplica ...

Esercizio 3

Formulare delle frasi con i seguenti verbi:

contraddire   superare

autenticare   litigare

compilare   trattare

assistere   difendere

presumere   dedicare

sfuggire

LADRI GENTILUOMINI

Le ragazze emergono dalla stazione della metropolitana. Una strada alberata. Cielo dal viola all'arancio.

Stefania: Che pace!

Elisabetta: Ma c'è la polizia a casa! (Le ragazze si affrettano su per il vialetto.)

Elisabetta: Mamma, che è successo?

(Una bella signora slanciata, sulla cinquantina, sta parlando con un poliziotto, in piedi nella stanza di soggiorno.)

Mamma: Ah, eccoti qua. Tutto a posto, cara, niente di grave. Sono venuti i ladri. Sergente Pellegrino, questa è mia figlia Elisabetta; e questa è Stefania. Che piacere conoscerti!

Stefania: Signora, non vorrei dare disturbo. Forse è meglio che me ne vada.

Mamma: Ma neanche per sogno. Sono cose che succedono. Mi dicono che anche a Roma i furti non mancano, e poi siamo assicurati.

(Un uomo alto, di mezz'età, che ancora conserva la struttura di un atleta, entra con un foglio.)

Papà: Ecco qua, ho trovato la polizza. Ciao, Elisabetta. E questa bellezza romana vorrebbe già abbandonarci?

Elisabetta: Stefania, ti presento papà.

Stefania: Molto lieta, Signor Dina.

(Segue una ragazzina sui dieci anni.)

Laura: Siamo assicurati! Siamo assicurati!

Elisabetta: Calma Laura. Saluta Stefania. Stefania, questa è mia sorella Laura.

Laura: E tu sei la sorella di Mirko che scrive a Elisabetta le lettere che tiene nascoste nella scatola da lavoro.

Elisabetta: Io non nascondo proprio niente! Ma insomma, si può sapere che cosa è successo? Cos'hanno rubato?

Mamma: Purtroppo tutti i miei gioielli, l'orologio ed i gemelli d'oro di tuo padre, la pelliccia di visone.

Elisabetta: Oh, mamma! La tua pelliccia ...

Mamma: Non importa, non importa, si vive anche senza. I gioielli li avevo appena presi dalla cassetta di sicurezza. Sono entrati dalla finestra di cucina sul retro; a casa non c'era nessuno ed anche i vicini erano tutti al lavoro. Quando sono tornata da scuola con Laura, sono salita in camera mia ed ho trovato tutto sottosopra.

(Dalle scale appare un altro poliziotto.)

Poliziotto: È molto meglio, signora, che i ladri non abbiano trovato nessuno; molto meglio che non li abbiate incontrati.

(I poliziotti salutano ed escono.)

Papà: Ecco qua, è tutto scritto qui: l'assicurazione è un contratto in forza del quale una parte si assume l'obbligo di indennizzare l'altra di qualsiasi perdita o danno causati da qualche fatto specifico, contro il pagamento di una determinata somma di denaro che si chiama premio. Il contratto di assicurazione si chiama polizza; le parti di una polizza di assicurazione sono: l'assicuratore, cioè la persona che si assume il rischio, e l'assicurato, cioè la persona garantita contro il rischio. Nelle assicurazioni marittime l'assicuratore si chiama sottoscrittore. Ma a noi, insomma, non interessa. L'essenziale è che sono in regola con il pagamento dei premi e, perciò, saremo completamente indennizzati. Meno male che abbiamo un assicurazione che ci dà una protezione davvero completa! Pensate che siamo assicurati perfino contro il "bang" aereo!

Elisabetta: Il bang aereo? E che cos'è?

Papà: Sarebbe l'onda sonica causata da un aereo che attraversa la barriera del suono. È scritto qui. E poi siamo assicurati contro gli incendi, i fulmini, le esplosioni, la rottura dei tubi dell'acqua, la caduta di aeromobili (che sarebbero aeroplani che ti cadono sulla testa). Oggi non si può più vivere se non si è assicurati. Pensiamo alle assicurazioni automobilistiche; sono obbligatorie anche in Italia?

Stefania: Come no! E sono assicurazioni per danni propri e danni a terzi. Poi in Italia abbiamo tutta una serie di assicurazioni obbligatorie, le cui quote vengono detratte dagli stipendi: assicurazione malattie, assicurazione contro gli infortuni sul lavoro. E poi detrazioni per le pensioni e le liquidazioni in caso di cessazione del rapporto d'impiego, che non sono altro che forme assicurative. L'Italia è il paese delle assicurazioni obbligatorie. E da cinquant'anni. In questo campo abbiamo un vero primato. Sono invece poco comuni le assicurazioni sulla vita e, in genere, tutte le assicurazioni volontarie, ma anche queste si stanno ora rapidamente diffondendo.

Papà: Viva le assicurazioni!

Mamma: Parliamo di cose serie. Ormai è tardi e non me la sento di mettermi a cucinare. Andiamo a cena fuori, che ne dite ragazze?

VOCABOLARIO

Abbandonarsi:	to abandon
Affrettarsi:	to hurry up, to speed up
Apparire:	to appear
Assicurati:	insured
Assicurato:	insured person
Assicuratore:	insurer
Assicurazione:	insurance
Causato:	caused
Contratto:	agreement, contract
Contro:	against
Danno:	damage
Furti:	thefts, burglary
Gemelli d'oro:	gold cufflinks
Gioielli:	jewelry
Indennizzare:	to compensate
Ladri:	thieves
Obbligo:	obligation

Pelliccia:	fur coat
Perdita:	loss
Polizza:	insurance policy
Premi:	premiums
Protezione:	protection
Qualsiasi:	any
Rischio:	the risk
Scatola:	box
Slanciata:	lanky, slender
Soqquadro:	confusion
Sottoscrittore:	subscriber
Succedere:	to happen
Vialetto:	(alley) driveway

ESPRESSIONI

A mezz'età:	middle age
Abbiamo un vero primato:	we are avantgard
Abbiano incontrato:	they met
Assicurazioni automobilistiche:	car insurance
Assicurazione contro gli infortuni del lavoro:	workmen compensation
Assicurazione malattie:	health insurance
Assicurazione sulla vita:	life insurance
Assicurazioni volontarie:	voluntary insurance
Assumere l'obbligo:	to assume responsibility
Che è successo:	what happened
Che piacere conoscerti!:	what a pleasure to meet you
Che si chiama premio:	that is called premium
Cosa hanno rubato:	what did they steal
Danni propri:	personal damages
Danni a terzi:	third party damages

Dare disturbo:	to disturb, to impose
Determinata somma:	a specific amount
Detratte dagli stipendi:	taken from payroll
È meglio che me ne vada:	it is better that I leave
Eccoti qua:	here you are
In piedi:	standing up
Li avevo appena presi:	I had just taken them
Molto lieta:	happy to meet you
Neanche per sogno:	don't even think of it
Niente di grave:	nothing serious
Non importa:	it does not matter
Sono cose che succedono:	these things happen
Sono in regola:	I am up to date
Sono salita in camera:	I went up to my room
Stanza di soggiorno:	living room
Strada alberata:	tree lined street
Tenere (tiene) nascoste:	to keep hidden
Tutto a posto?:	is everything ok?
Viva l'assicurazione!	hurray for insurance!

QUINDICESIMA LEZIONE

Esercizio 1

Rispondere alle seguenti domande:

1. Dove abita Elisabetta?
2. Chi c'è in casa di Elisabetta?
3. Cos'è accaduto?
4. Dove abita Lei succedono furti?
5. Perché la famiglia Dina non si preoccupa del furto?
6. Cos'ha in mano il signor Dina?

7. Dove nasconde le lettere Elisabetta?

8. Che cos'hanno rubato?

9. Da dove aveva prelevato i gioielli la mamma di Elisabetta?

10. Come sono entrati i ladri?

11. Quanti anni ha Laura?

12. Chi c'era in casa quando i ladri sono entrati?

13. Com'era la camera della mamma?

14. Chi è l'assicuratore?

15. Come si chiama l'assicuratore nelle assicurazioni marittime?

16. La famiglia di Elisabetta è indennizzata?

17. Che cos'è il "bang aereo?"

18 Per che cosa sono assicurati i Dina?

19. È obbligatoria l'assicurazione automobilistica?

20. Quali sono alcuni tipi di assicurazione?

Esercizio 2

Tradurre in inglese le seguenti frasi:

1. L'assicurato è tenuto a denunciare ciascun sinistro.

2. L'assicurato legge la polizza prima di firmarla e, se opportuno, ne richiede la rettifica.

3. La prima rata del premio è pagata alla consegna della polizza.

4. La società assicuratrice può recedere dal contratto con un preavviso di ventotto giorni.

5. La società assicuratrice non è tenuta a pagare più della somma assicurata.

6. Il presente contratto è convenuto per la durata di un anno.

7. Le rate successive del premio devono essere pagate nel giorno della scadenza indicato sulla polizza.

Esercizio 3

Scrivere una lettera ad una società di assicurazioni al fine di comunicare che un furto è stato commesso nella propria casa.

Esercizio 4

Compilare una richiesta di polizza di assicurazione sulla vita.

CARLA BARBIERI
Via XX Settembre, 22
80146 Napoli
Tel. 45.47.30

Prot. n. 10   Napoli, 10 febbraio 20..

                              Spett. Ditta F.lli Martirano
                              Via Principe, 4
                              10123 TORINO (TO)

Mi permetto di offrirVi i miei servigi a titolo di rappresentante della Vostra Ditta, per le province campane.

Tratto in tutta la zona una vastissima clientela di grossisti e dettaglianti, bar, caffé, pasticcerie e drogherie, per la fornitura di liquori, sciroppi e vari dolciari, inclusi prodotti fabbricati con cioccolato.

Sono certo che i prodotti della Vostra fabbrica di cioccolato potranno essere collocati in quantità rilevanti presso la maggior parte dei miei clienti.

Conoscendo la mia clientela, posso impegnarmi in qualunque misura crediate opportuno fissarlo.

La provvigione da me richiesta è del 9%, mentre le spese rimangono a mio carico, del 5% se le spese sono a Vs. carico.

In attesa di una Vostra risposta, che mi auguro favorevole, Vi saluto distintamente.

                              Carla Barbieri

CB/as
Disposizione classica

16

LA MODA

Boutique "Via Condotti," all' angolo tra Price e Greene.

Lisa:	Buona sera, zio Antonio.
Antonio:	Ciao Lisa, come va?
Lisa:	Joanna, ti presento Antonio Greco. Lo chiamo zio perché è nostro amico e vicino di casa da tanto tempo. È il proprietario di questo splendido negozio. Zio Antonio, ti presento la mia amica, Joanna Santo. È italiana anche lei.

Antonio: Molto piacere, signorina. Eh sì, conosco Lisa da quando rincorreva la palla nel mio giardino. Ma non le dia retta, la mia è solo una botteguccia.

Joanna: Diciamo uno scrigno pieno di belle cose. Verrebbe voglia di comprarsi un intero guardaroba. Io però avrei solo bisogno di un vestito da mezza sera.

Antonio: Venga qui. Qui ci sono le svendite. Con la sua figura non sarà difficile trovare un modellino che le si adatti. Ecco qui questo abito nero, di velluto e taffettà: è una creazione di alta moda confezionata per una linea di moda pronta, un abito di serie con l'impronta di un grande stilista. E la stoffa! Senta che tessuto, che consistenza ...

Joanna: È italiano il vestito?

Antonio: Ma certo. Tutti gli articoli del mio negozio sono importati dall'Italia. È il famoso "Made in Italy" che va a ruba in tutto il mondo. La moda italiana, come lei sa, nonostante la crisi continua a tirare. Lo sa che il nostro paese è l'unico paese industrializzato con saldo attivo nel settore tessile¬ abbigliamento? Fino al 2007 era attiva anche la Francia, ora non più. Ma vada a misurarsi il vestito, lo stanzino di prova è lì. E tu, Lisa, non ti lasci tentare? Guarda questo due pezzi a maglia, è la tua taglia: 38, ed il tuo colore: il blu pervinca.

Lisa: Ma ecco Joanna.

Antonio: Signorina, le sta come un guanto! Sembra fatto su misura, apposta per lei. Lo metta e farà impazzire d'invidia le sue amiche. Ma gliel'hanno mai detto che potrebbe fare l'indossatrice? Si vede che in Italia le nuove leve non mangiano più spaghetti.

Joanna: Ma il prezzo è un po' caro.

Antonio: Caro? Ma se è un affare! E poi un vestito così non sarà mai fuori moda. Guardi che taglio, che rifiniture: fatte a regola d'arte. Le macchine delle fabbriche italiane sanno lavorare come le mani agili delle sarte di un tempo.

Joanna: Ma scusi, non le pare di esagerare un po'?

Antonio: Niente affatto! È italiana anche lei e deve capirmi. Sono fiero di rappresentare l'artigianato italiano a New York, e specialmente la moda. La moda rappresenta soltanto il 4% delle esportazioni italiane negli Stati Uniti. Tuttavia la creazione di un grande sarto che influenza la moda di un'intera stagione e finisce sulle copertine di centinaia di riviste ha un valore promozionale per tutte le esportazioni italiane. Grazie alla moda l'Italia è di moda. E Lisa, non è deliziosa tutta in azzurro? I nostri filati sono davvero i primi del mondo.

Lisa: Ma il prezzo.

Antonio: E va bene, mi voglio rovinare. Le mie commesse mi sgrideranno ma non importa. Vi faccio un ulteriore ribasso del venti per cento: ecco qui. Vi do tutte e due le confezioni a prezzo di costo, non posso permettere che due ragazze carine come voi rinuncino a farsi belle. La bellezza, ragazze, è un dovere verso voi stesse e verso gli altri.

VOCABOLARIO

Abito:	dress, suit
Botteguccia:	all store
Commessa:	sales person
Confezionata:	created
Consistenza:	consistence
Creazione:	creation
Crisi:	crisis
Esagerare:	to exaggerate
Esportazioni:	exports
Importati:	imported
Indossatrice:	model
Invidia:	envy
Linea:	line
Maglia:	knit
Modellino:	outfit
Palla:	ball
Proprietario:	owner
Rinunciare:	to give up
Sarà:	future of essere, third person sing.
Sarta:	dressmaker
Scrigno:	coffer
Sgridare:	to scold
Stoffa:	material, fabric
Svendite:	sale
Tessile:	textile
Tessuto:	cloth
Velluto:	velvet
Vestito:	suit

ESPRESSIONI

Alta moda:	high fashion
Apposta per lui:	just for him
Artigiano italiano:	Italian artisan
Avrei solo bisogno:	I would only need
Che le si adatti:	that is right for her
Con la sua figura:	with that body/figure
Due pezzi:	two piece suit
È la tua taglia:	it is your size
Fare impazzire:	to make someone crazy
Fuori moda:	out of fashion
Grande stilista:	great stylist
Intero guardaroba:	the entire selection of wardrobe
La moda italiana continua a tirare:	the Italian fashion continues to be highly regarded
Le nuove leve:	the young girls
Le sta come un guanto:	it fits you like a glove
Mezza sera:	cocktail hour
Niente affatto:	not at all
Non le dia retta:	don't pay attention to him
Sembra fatto su misura:	seems done for you, custom made
Sono fiero:	I am proud
Sono i primi nel mondo:	they are #1 in the world,
Tutti gli articoli nel mio negozio:	everything in my store
Ulteriore ribasso:	further reduction
Vada a misurarsi il vestito:	try on the suit
Verrebbe voglia di comprarsi:	you would like to buy
Vicino di casa:	neighbor

SEDICESIMA LEZIONE

Esercizio 1

Rispondere alle seguenti domande:

1. Dove vanno Lisa e Joanna?
2. Perché Lisa chiama Antonio "zio?"
3. Che negozio ha Antonio?
4. Cosa vorrebbe fare Joanna quando è nel negozio?
5. Com'è fatto il vestito che Antonio mostra a Joanna?
6. Com'è la stoffa?
7. Da dove sono importati gli articoli che sono in vendita nel negozio?
8. Cosa va a ruba in tutto il mondo?
9. A quale posto si trova la moda italiana?
10. Che taglia ha Lisa?
11. Qual è il colore di Lisa?
12. Qual è il suo colore?
13. Che taglia ha?
14. Dove compra abitualmente i suoi vestiti?
15. Ha mai pensato di fare l'indossatrice/indossatore?
16. Come sta il vestito a Joanna?
17. Com'è il prezzo?
18. Come lavorano le macchine italiane?
19. Qual è l'importanza di un grande sarto?
20. Che sconto fa Antonio alle due ragazze?
21. Quando ci sono i saldi nei negozi in cui Lei si serve?
22. Preferisce comprare il "Made in Italy" o il "Made in U.S.A.?"

Esercizio 2

Scrivere una lettera ad un negozio ordinando un nuovo guardaroba, specificando la qualità, la quantità, i colori, la taglia e chiedendo lo sconto del 15 % sul listino prezzi.

Esercizio 3

Completare le frasi con le parole indicate a fianco:

Va bene, mi ...	sarto influenzerà un'intera stagione
Vi faccio un ulteriore ...	l'artigianato italiano
La creazione di un grande ...	come un guanto
Sono fiero di rappresentare ...	voglio proprio rovinare
Questo vestito non sarà ...	apposta per lei
Questo vestito le sta ...	ribasso del 15%
Gli articoli sono ...	mai fuori moda
È una creazione ...	da mezza sera
Ho bisogno di un vestito ...	di alta moda
Il vestito sembra fatto ...	importati dall'Italia

17

IL GIOCO DELLA BORSA

Una mattina d'inverno a Wall Street, un giovane con i capelli precocemente grigi ed una ragazza bruna e snella fendono la folla che cammina sul marciapiede: sono Massimo e Anna Rosa.

Massimo: Sono proprio contento di farti vedere la Borsa. È uno spettacolo straordinario. E in Italia, dove sono le sedi della borsa?

Anna: A Milano, a Roma e poi a Torino, Genova, Napoli, Firenze, Bologna, Venezia e Trieste. Ma la Borsa —che si chiama anche "Borsa valori"— è a Milano. Naturalmente, però il nostro mercato azionario non ha l'ampiezza e la ricchezza del vostro.

Massimo: Mi pare che in Italia molte industrie un tempo amministrate dallo stato siano state privatizzate.

Anna: Si tratta soprattutto di servizi di pubblica utilità. Per esempio, le ferrovie sono oggi una S.p.a. Anche l'Enel, un gestore di energia eletrrica, e la Telecom, un gestore di telefonia mobile, sono state privatizzate.

Massimo: Ma eccoci arrivati.

(Entrano nel portone della Borsa e con l'ascensore raggiungono rapidamente la balconata da cui si domina l'immensa rotonda delle contrattazioni dei titoli azionari. Sullo schermo luminoso l'incessante sfilata delle quotazioni.)

Anna: Che babele!

Massimo: Questo è niente. Pensa che succede quando c'è qualche avvenimento straordinario. Pensa cosa dev'essere stato il famoso crollo dei titoli azionari nel 1929!

Anna: Ecco perché io non giocherei mai in borsa.

Massimo: Ma come, non ami il rischio? Ma non lo sai, signorina, che "Chi non risica non rosica?" Io, invece, ho il mio agente di cambio di fiducia che compra e vende azioni per me.

Anna: Così un giorno sarai un magnate dell'alta finanza ...

Massimo: Intanto però vorrei sapere, a proposito di azioni, cosa significano le lettere "S.p.a." che trovo spesso sulle carte intestate italiane.

Anna: Vogliono dire "Società per Azioni;" indicano cioè una società in cui le quote di particolazione dei soci sono rappresentate da azioni.

Massimo: E "S.R.L.?"

Anna: "Società a Responsabilità Limitata." È un'altra forma abbastanza comune di società commerciale, cioè di società costituita a fini di lucro. Nella società a responsabilità limitata, come nella società per azioni, c'è una netta divisione tra il patrimonio della società ed i patrimoni dei singoli soci. Sia nella società a responsabilità limitata che nella società per azioni, la responsabilità per i debiti sociali "è limitata" al patrimonio della società. Se la società non paga o fallisce, i patrimoni dei singoli soci non vengono toccati dai creditori. La differenza principale fra le due società sta però nel fatto che in quella a responsabilità limitata le quote di partecipazione dei soci non sono rappresentate da azioni.

Massimo: A proposito, che differenza passa tra azioni ed obbligazioni?

Anna: Le azioni sono un titolo di "proprietà" di una società, il cui valore può aumentare o diminuire a seconda delle quotazioni del mercato. Le obbligazioni sono un titolo di credito verso una società, rappresentato da una certa cifra fissa, che matura ad una certa scadenza.

Massimo: Che ne diresti di continuare questa affascinante conversazione su una panchina al Battery Park.

VOCABOLARIO

Affascinante:	fascinating
Ampiezza:	amplitude
Ascensore:	elevator
Avvenimento:	event
Azioni:	stocks
Balconata:	balcony
Borse:	stock exchange
Bruna:	brunette
Contrattazioni:	contract
Debiti sociali:	company's debts
Ferrovie:	railroad

Folla:	crowd
Incessante sfilata:	non-stop list
Lucro:	gain
Marciapiedi:	sidewalk
Nazionalizzate:	nationalized
Panchina:	bench
Privatizzazione:	privatization
Quotazione:	quota
Raggiungere:	to reach, to arrive
Ricchezza:	richness
Rischio:	risk
Scadenza:	maturity
Schermo:	screen
Sede:	headquarters
Socio:	partner, member of a company
Titoli:	titles, securities

ESPRESSIONI

Agente di cambio:	stock broker
Che babele!:	what a confusion!
"Chi non risica non rosica":	"no pain no gain"
Maggiore azionista:	major stock holder
Servizi di pubblica utilità:	utility service
S.p.a. Società per azioni:	Partnership limited by shares
S.R.L. Società a responsabilità limitata:	Limited Partnership
Ultima guerra:	last war
Unificazione Italiana:	Italian unification

DICIASSETTESIMA LEZIONE

Esercizio 1

Rispondere alle seguenti domande:

1. Dove sono Anna e Massimo?

2. Che cosa vanno a vedere i due giovani?

3. Dove sono le sedi della Borsa italiana?

4. Com'è il mercato azionario italiano?

5. Quali sono alcune industrie nazionalizzate?

6. Chi è il maggiore azionista in Italia?

7. Arrivati alla Borsa, dove si fermano Anna e Massimo?

8. Lei è mai stato a Wall Street?

9. Ha mai visitato la Borsa?

10. Quando c'è stato il crollo azionario?

11. Lei gioca in Borsa?

12. Cosa fa l'agente di cambio?

13. Che cos'è una società per azioni?

14. Cosa significa "S.R.L.?"

15. Quale è la differenza tra la società per azioni e la società a responsabilità limitata?

16. Che differenza c'è tra azioni ed obbligazioni?

Esercisio 2

1. Formare delle frasi con le espressioni elencate:

2. Sono contento ...

3. In Italia le industrie ...

4. L'unificazione d'Italia avvenne ...

5. L'energia elettrica ed i telefoni ...

6. Domina ...

7. Sullo schermo ...

8. Agente di cambio ...

9. Le quote di partecipazione ...

10. Sono un titolo di proprietà ...

11. Sono un titolo di credito ...

Esercizio 3

Scrivere un saggio su una gita fatta a Wall Street.

18

PERSONE FISICHE E NON

Sulla panchina.

Joanna: Mi prendi sempre in giro. Non so mai se quello che dico t'interessa oppure no.

Antonio: M'interessa moltissimo, e poi mi piace il tuo modo di esporre, è così originale e, nello stesso tempo, così chiaro! Ma stavi parlando delle società per azioni e di quelle a responsabilità limitata nel tuo paese. Mi sembra di aver capito che queste, dunque, hanno una personalità propria, distinta da quella dei soci.

Joanna: Appunto. Sei intelligentissimo.

Antonio: Chi è che prende in giro ora?

Joanna: In Italia diciamo che sono "persone giuridiche," cioè entità a cui il diritto riconosce una personalità ed una vita propria, a prescindere dalle persone dei soci. Così i soggetti del diritto si dividono in due categorie: le "persone fisiche" — come te e me — e le "persone giuridiche" finzioni create dalla legge.

Antonio: Ah, ah!

Joanna: C'è poco da ridere. Il diritto è una cosa seria.

Antonio: Scusa, scusa. Mi fanno ridere le "persone fisiche". Ma, del resto, anche il nostro diritto fa la stessa distinzione. Noi, però, le persone come te e me le chiamiamo "persone naturali." E come funzionano le vostre "persone giuridiche?"

Joanna: Penso, più o meno, come le vostre. Indispensabili alla fondazione di una società dotata di personalità giuridica sono l'atto costitutivo e lo statuto, cioè l'insieme delle norme che ne regolano il funzionamento. Questi documenti devono contenere la indicazione della ragione sociale, del domicilio, dello scopo e del patrimonio di cui la società è dotata. Inoltre l'atto costitutivo e lo statuto devono elencare gli organi della società: il presidente, il consiglio d'amministrazione, l'amministratore (detto anche consigliere) delegato (che è colui che, in pratica,dirige tutto l'apparato), il collegio dei sindaci (cioè dei controllori delle operazioni finanziarie), l'assemblea dei soci che si riunisce periodicamente secondo le regole stabilite nello statuto.

Antonio: È vero, la struttura generale è uguale a quella delle nostre società dotate di personalità giuridica.

Joanna: Sia in Italia che negli Stati Uniti rispondono alle esigenze della società moderna, e soprattutto dell'economia moderna che non potrebbe funzionare senza le persone giuridiche.

Antonio: Ma neppure senza le persone fisiche, ah, ah!

Joanna: Smettila, Antonio, dopotutto anche la vostra parola "corporation" da dove credi che venga? dal latino "corpus", che vuoI dire "corpo, body".

Antonio: E quanto al mio "corpus", ha fame. Che ne diresti di un cane caldo?

Joanna: Come?

Antonio: È la traduzione italiana di "hot dog." Ma io vorrei fare qualcosa di meglio. Che ne diresti di una cena in piena regola sabato prossimo?

Joanna: Mi dispiace ma non posso.

Antonio: Perché?

Joanna: Sabato arriva mio fratello dall'Italia e vado a prenderlo all'aeroporto.

VOCABOLARIO

Atto costitutivo:	deed of association
Consiglio d'amministrazione:	Board of directors
Contenere:	to contain, to include
Distinzione:	distinction
Domicilio:	domicile, residence
Dopotutto:	after all
Dotata:	endowed, equipped
Esigenze:	demands
Esporre:	to explain, to state
Finanziari:	financial
Finzioni:	pretence, fiction
Fondazione:	establishment, set up
Funzionare:	to work
Funzionamento:	operation

Indispensabili:	indispensable
Legge:	law
Patrimonio:	patrimony, worth
Periodicamente:	periodically
Regolare:	to regulate
Scopo:	aim, objective
Statuto:	charter by law
Struttura generale:	general structure
Uguale:	equal

ESPRESSIONI

A prescindere da:	apart from
Che ne diresti:	what would you think
Mi fanno ridere:	they make me laugh
No mi piace trattare per	I don't like dealing
Interposta persona:	through a third party
Persone fisiche:	private individuals
Persone giuridiche:	corporate body
Persone naturali:	real people

DICIOTTESIMA LEZIONE

Esercizio 1

Rispondere alle seguenti domande:

1. Dove sono Joanna e Antonio?

2. Lei fa mai passeggiate?

3. Dove va?

4. Le piace prendere in giro gli amici?

5. Chi sono i soci?

6. Quali sono le categorie dei soggetti del diritto?

7. Che cos'è una cosa seria?

8. Chi sono le "persone naturali?"

9. Che cos'è la personalità giuridica?

10. Che cosa devono elencare l'atto costitutivo e lo statuto?

11. Che cosa fa l'amministratore?

12. Qual è il compito delle persone giuridiche?

13. Da dove deriva la parola "corporation?"

14. Quando si laureerà, dove vorrebbe lavorare?

15. L'attira il mondo commerciale?

16. Le piacerebbe lavorare in una società per azioni?

17. Cosa ne pensa delle "corporations"?

18. Che importanza hanno le industrie nella società?

Esercizio 2

Tradurre le parole indicate tra parentesi:

1. (You were talking) delle società per azioni.
2. I soggetti del diritto (are divided into two categories).
3. Il diritto (is a serious matter).
4. L'insieme delle norme (controls the functioning).
5. La forma ed il contenuto (are established by the partners).
6. (The industrialized countries have had) un ruolo nel gestire la fase inflazionistica.
7. Il diritto italiano (that regulates the activity of the commercial enterprise) riporta principi delle convenzioni internazionali.
8. I pagamenti dei dividendi (are made to the shareholders).
9. La borsa di Milano ha chiuso al ribasso mentre a New York (was up 5%).
10. (These documents must indicate) la ragione sociale ed il domicilio.

Milano: Duomo

The most important agricultural region is the Po Valley. Industry is concentrated in northern Italy.

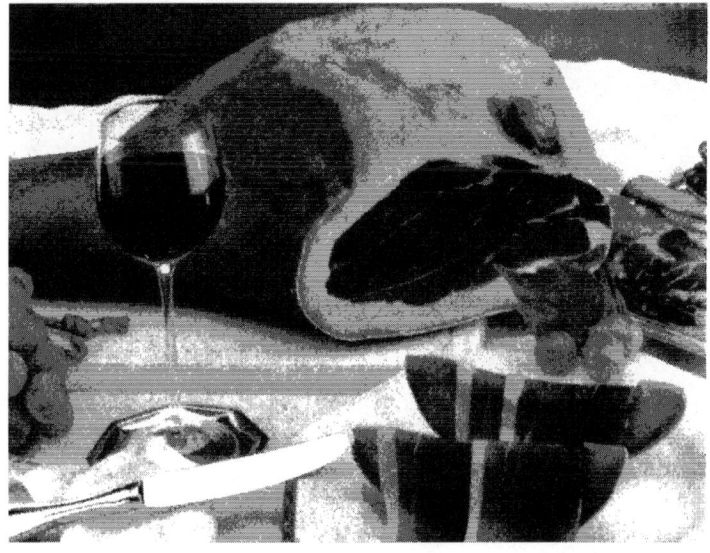

19

IL FUTURO È NELL'INFORMATICA

La sede della "Italian Wine Imports". Rebecca, la segretaria tuttofare, dirigente, è sola in ufficio.

Palmina: Ciao, Rebecca.

Rebecca: Ciao. Come mai questa sorpresa?

Palmina: Sai, oggi in banca è festa.

Rebecca: Beata te!

Palmina: Sono venuta ad invitarti a casa mia per sabato sera. Con Riccardo, naturalmente.

Rebecca: È il tuo compleanno?

Palmina: Veramente no, ma sabato arriva Antonio, sai, il fratello di Joanna. Così mia madre ha pensato di festeggiare la sua venuta.

Rebecca: Benissimo. Anch'io, però, ho un nuovo arrivo: vieni a vedere.

Palmina: Un nuovo computer! Complimenti!

Rebecca: Prego, all'italiana bisognerebbe dire "calcolatore elettronico" o "elaboratore elettronico", ma tutti dicono "computer". E così parlano di "software" e "hardware", ma di "entrata" e "uscita" invece che di "input" ed "output". L'inglese è, comunque, la lingua internazionale dei sistemi di comunicazione elettronica.

Palmina: Meno male. Noi americani partiamo avvantaggiati.

Rebecca: Con il giro di affari all'"Italian Wine Imports" ed il principale sempre in viaggio ed io senza aiuto, era indispensabile un computer. Vedi? Premo un tasto e sullo schermo appare tutto quello che voglio sapere sulle ditte con cui trattiamo. La memoria del computer ha immagazzinato la precorsa corrispondenza; la stampante, poi, se voglio, mi dà una copia stampata di tutte le notizie che desidero. Abbiamo programmato il computer con i nomi di tutti i grossisti e dettaglianti di vini italiani con cui trattiamo. La banca dei dati del computer li ha tutti ordinati per nome, località e tipo di affari.

Palmina: Cioè vino rosso, vino bianco, spumante, secco o amabile. È un computer che va a vino! Ma poi, quando diventa alticcio, non fa un pò di confusione?

Rebecca: Spiritosa! Ormai anche in Italia l'informatica è entrata nel giocondo mondo del dio Bacco. E dovevamo metterci al passo.

Palmina: A proposito, a che punto è l'informatica in Italia?

Rebecca: A dir la verità è ancora un po'indietro rispetto agli Stati Uniti ed al Giappone. Alla fine del 1984 solo il 7% delle piccole fabbriche (da 11 a 25 addetti) disponeva di un sistema di elaborazione dati. La percentuale era del 52% nel caso delle aziende più grandi. La forza-lavoro addetta all'informatica era un pò meno dell'1 %. Oggi tutti usano l'internet, skype, blog ecc. Ma sono cifre che crescono rapidamente; lo dimostra l'affollamento delle scuole universitarie di informatica e cibernetica. Il trattamento automatico dei dati è usato quasi sempre nel settore amministrativo, per esempio l'archiviazione, ed è nel settore amministrativo che consente il più vistoso contenimento dei costi.

Palmina: Così il nuovo computer ti frutterà un aumento di stipendio.

Rebecca: Magari! Quanto al dinamismo informatico, in primo piano c'è il settore dove lavori tu, quello finanziario (banche ed assicurazioni) nonchè quello della distribuzione dei servizi, cioè viaggi e turismo. Ultima viene l'agricoltura, anche se c'è qualche allevamento di vitelli retto dai computers. Però l'Italia, e precisamente la fabbrica d'automobili FIAT, ha un primato nella cibernetica, ed è quello dei robots.

Palmina: Una cifra di tutto rispetto!

Rebecca: Appunto. I robots sono delle macchine elettroniche che eseguono operazioni di tipo meccanico, rendendo così possibile l'esecuzione di lavori complicati e ripetitivi, senza bisogno dell'intervento umano.

Palmina: Cioè sono dei computers lavoratori anziché informatori. Rebecca: Già, e li chiamano "colletti d'acciaio", per distinguerli dai "colletti bianchi" e dai "colletti blu".

Palmina: Ti piacerebbe avere un bel "colletto d'acciaio"?

Rebecca: Se lo avessi gli insegnerei subito a fare il caffè. Ma anche così, sono molto soddisfatta della mia postazione!

Palmina: Però ora non mi diventare prigioniera dell'elettronica e non dimenticarti di sabato prossimo.

VOCABOLARIO

Avvantaggiati:	advantaged by
Complimenti!:	Well done!
Premere:	to press
Senza:	without

ESPRESSIONI

Come mai questa sorpresa?:	What is the reason for this surprise visit?
Lingua internazionale:	International language
Sempre in viaggio:	always traveling

DICIANNOVESIMA LEZIONE

Esercizio 1

Rispondere alle seguenti domande:

1. Perché Palmina non lavora?
2. Perché Palmina invita Rebecca?
3. Chi arriva sabato?
4. Che cosa c'è di nuovo nell'ufficio di Rebecca?
5. Quali sono le parole italiane per "computer", "input" ed "output?"
6. Cosa accade quando si preme un tasto?
7. Qual è la funzione della stampante?
8. Cosa fa la memoria del computer?
9. Cosa c'è programmato nel computer?

10. Cosa fa la banca dei dati del computer?

11. In che cosa detiene il primato la FIAT?

12. Che differenza c'è tra robot e computer?

13. Le piace l'elettronica?

14. La descrizione di un processo deve contenere la lista dei dati, la serie delle azioni e la specifica dei controlli che determinano l'ordine. Secondo lei, il computer può sostituire l'uomo completamente?

Esercizio 2

Tradurre le seguenti frasi:

1. Le scritture contabili devono essere conservate per dieci anni.

2. Le fatture commerciali in arrivo ed in partenza devono essere redatte in duplice copia. La copia viene archiviata e l'originale viene spedito al destinatario.

3. L'oggetto della corrispondenza commerciale si trascrive su un registro chiamato "protocollo."

4. Con l'avvento dei computers molte informazioni si mettono in memoria.

Family and traditions are very important in the Italian Culture

20

LE TASSE DI PAPÀ

PAGARE O NON PAGARE?

Sabato sera, a casa di Giovanna. Un buon profumo d'arrosto.

Giovanna: Ciao, Maria. Brava che sei arrivata presto, così ci aiuti ad apparecchiare. E Matteo?

Maria: Viene per conto suo. Tutti i sabati frequenta un corso di aggiornamento sul regime fiscale delle società.

Papà: (dalla sua scrivania nel vano della finestra) Meno male, così mi potrà consigliare un po'.

Giovanna: Papà, lascia perdere le tue scartoffie.

Papà: Subito, subito. Voglio salutare Maria Elena come si deve. Ma sei proprio Maria Elena? Sei così elegante che mi metti soggezione.

Maria: Signor Femina, lei è il mio padre preferito (dopo il mio). Ma che sta facendo di bello?

Papà: Sto preparando la nostra denuncia dei redditi. Io e mia moglie facciamo una dichiarazione congiunta. Abbiamo molte detrazioni degli oneri fiscali da calcolare e non voglio ridurmi all'ultimo momento. Nella vita ci sono due sole cose sicure: la morte e le tasse. Non lo sai? Come mi piacerebbe vivere in un paese con un fisco un pò meno inesorabile del nostro!

Maria: Dubito che lo troverebbe. In Italia, per esempio, il fisco è severissimo; si finisce facilmente in prigione per evasione fiscale.

Giovanna: Ma davvero?

Maria: Eccome. In Italia hanno tasse di ogni tipo e condizione come da noi. A questo proposito voglio precisare che l'uomo della strada usa sempre il termine "tasse" ma, nella maggior parte dei casi, ciò non è esatto perché i tributi allo Stato ed agli altri enti pubblici italiani si dividono in due categorie: le tasse propriamente dette e le imposte. Le tasse sono dei tributi corrisposti in cambio di un servizio reso dallo Stato o dall'ente pubblico. Per esempio, è giusto parlare di tasse scolastiche (dato che in Italia le scuole pubbliche sono gestite dallo Stato); il biglietto d'ingresso che si paga per visitare un museo è pure una tassa perché si paga in cambio del servizio (la cura del museo) offerto dallo Stato o da un altro ente pubblico. E così via, si potrebbe continuare con molti altri esempi. Le imposte invece sono dovute a prescindere da una specifica prestazione da parte dello Stato. Le imposte si dividono a loro volta in dirette ed indirette; quelle dirette sono le imposte sul reddito, proporzionali al reddito di un individuo o di una società e, anzi, sono progressive rispetto al reddito stesso. Le imposte indirette sono invece uguali per tutti, a prescindere dal reddito, e consistono in genere in un sovrapprezzo su un bene di consumo. Così in Italia c'è un'imposta sulle sigarette e sulla benzina. Un'imposta indiretta italiana che assomiglia un po'alla "sales tax" americana è quella che si chiama brevemente I.V.A., che significa "imposta sul valore aggiunto." Va pagata in ogni trasferimento di beni o servizi che implica il pagamento di un prezzo in denaro.

Giovanna: E gli italiani devono fare la denucia dei redditi come noi?

Maria: Altro che! Solo che, mi pare, in Italia la scadenza è a giugno. Così a maggio lei sentirà tutti dire: devo andare a casa a fare la mia denuncia I.R.Pe.F (o IRPEF), che vuoI dire "imposta sul reddito delle persone fisiche".

Giovanna: Poveri Italiani!

Maria: E non basta. Le imposte e tasse statali italiane corrispondono, più o meno, alle tasse federali negli Stati Uniti. Ma poi, anche gli Italiani hanno un ricco assortimento di tasse locali, come ad esempio l'IRAP, che vuoI dire "imposta regionale sulle attività produttive". È un' imposta statale, colpisce il valore della produzione netta delle imprese.

Giovanna: Pietà, pietà ...

Maria: Una cosa interessante: in Italia c'è un Ministero per le entrate dello Stato ed un Ministero per le spese dello Stato. Sono cioè il Ministero delle Finanze che prende ed il Ministero del Tesoro che dà.

Giovanna: Cioè la mano destra non sa quel che fa la sinistra.

Maria: Non proprio, perché poi c'è un terzo Ministero finanziario, il Ministero del Bilancio che coordina entrate ed uscite. Dei tre, il

Ministero delle Finanze è il cattivo che svolge il ruolo di esattore delle imposte degli italiani.

Giovanna: (Irrompendo nel soggiorno) Eccoli, eccoli. Sono arrivati! (Entrano Antonio, Gabriella e Franco. La mamma esce dalla cucina, seguita dal signor Salvatore, il vicino negoziante di moda che è venuto a fare le sue famose fettuccine, e da Andrea saltellante. Entra Matteo. Saluti. Abbracci).

Mamma: A tavola!

Palmina: Abbasso le tasse, brindiamo alla vostra bella gioventù ed all'avvenire!

VOCABOLARIO

All'avvenire:	to the future
Apparecchiare:	to set up
Assorbire:	to absorb
Benzina:	gasoline
Brindare:	to toast
Calcolare:	to calculate
Consigliare:	to advice
Denuncia dei redditi:	income tax return
Detrazioni:	deductions
Dichiarazione congiunta:	joint tax return
Dividere:	to divide
Esatto:	exactly
Esattore:	collector
Esattore delle imposte:	tax collector
Evasione fiscale:	tax evasion
Fiscale:	fiscal
Fisco:	IRS

Implica:	requires
Imposte di un individuo:	personal income tax
Imposte indirette:	hidden tax, tax paid by the individual, sales tax
Imposte sul reddito:	income tax
Inesorabile:	relentiess
Onere:	charge
Principale:	supervisor
Ruolo:	role
Seguitare:	to follow
Tasse:	taxes
Tasse statali:	federal tax
Tasse sugli immobili:	real estate tax
Tributo:	tax

ESPRESSIONI

Abbassare le tasse:	to lower the taxes
A questo proposito:	in regard
Che mi metti soggezione:	you put me on the spot
Che sta facendo di bello:	what's new, what's up
Come mi piacerebbe vivere:	How would I like to live
Corso di aggiornamento:	adjournment, bringing up to date
Il vicino negoziante di moda:	fashion representative next door
Lascia perdere le tue scartoffie:	Leave your papers alone
Non voglio ridurmi:	I don't want to wait
all'ultimo momento:	until the last minute
Reddito nazionale lordo:	gross national product
Si finisce facilmente in prigione:	one easily ends up in prison
Uomo della strada:	common people
Viene per conto suo:	comes by himself
Voglio precisare:	I want to make clear

VENTESIMA LEZIONE

Esercizio 1

Rispondere alle seguenti domande:

1. Dove va Matteo tutti i sabati?

2. Che cos'è un corso di aggiornamento?

3. Perchè il papà di Giovanna ha le scartoffie in mano?

4. Cosa prepara il papà di Giovanna?

5. Cosa nella vita è sicuro, secondo lui?

6. Com'è il fisco in Italia?

7. Cosa potrebbe accadere per evasione fiscale?

8. Da che cosa è assorbito il reddito nazionale in America? Ed in Italia?

9. Secondo Lei, è necessario pagare le tasse?

10. Come sono divisi i tributi allo stato?

11. Cosa sono le tasse?

12. Come si dividono le imposte?

13. Cosa sono le imposte indirette?

14. Cos'è l'IRPEF?

15. Quali sono I ministeri finanziari?

16. Chi è un esattore?

17. Cosa significa "mettere in soggezione?"

18. Cos'è una dichiarazione congiunta?

19. Cosa significa "uomo della strada?"

APPLICAZIONE PRATICA

Napoli, 19 settembre 20..

Dottor Vito Massimo
Via Roccasecca, 47
80133 Napoli

Egregio Dottor Massimo:

Le comunichiamo che il suo pagamento sui redditi immobili non è stato ricevuto, per cui dovrà pagare una sovratassa del 6%. Distinti saluti.

Liliana e Monica Carletti
Ufficio Tasse

FAX

A: Monica Carletti   Fax 526/2593

Da: Brittany Motel   Fax 056/2492

Data: 1/2/20..   Pagine totali: 1

RIFERIMENTO: PRENOTAZIONE 7/25/20..

Abbiamo ricevuto la sua cortese richiesta del 9 gennaio c.m. e La ringraziamo.

Abbiamo il piacere di offirle cinque stanze a due letti con bagno al prezzo complessivo, per trattamento mezza pensione di €(...).

Assucurandola della nostra cortese attenzione, Le porgiamo; i più distinti saluti.

IL DIRETTORE
Giovanni Fava

APPENDICE

ABBREVIAZIONI COMMERCIALI

a/F	a messo/Ferrovia/per
A.N.A.S.	Azienda Nationale Autonom Strade
A.R.	Avviso/ricevuta di ritorno
a.v.	a vista
art.	articolo
All.	allegato/i
c.	conto
ca.	circa
c.a.	corrente anno
c.m.	corrente mese
CAP/c.a.p.	codice di avviamento postal
c/c/c.c.	conto corrente
c/c/p/	conto corrente postale
c.i.f./CIF	costo, assicurazione e nolo
C.N.E.L.	Consiglio dell' Economia e del Lavaro
c.s.	come sopra
corr.	corrente
D/P	pagamento contro documenti
ecc.	eccetera
ECU	European Currency Unit
e.c.	estratto conto
E.N.A.L.	Ente Nazionale Assitenza Lavoratori
E.N.I.T.	Ente Nazionale industrie Turistiche
f.o.b.	franco a bordo

FFSS/FS	TRENITALIA
fatt.	fattura
f.to	firmato
I.N.A.M.	Istituto Nazionale Assicurazione contro le Malattie
I.N.P.S.	Istituto Nazionale Previdenza Sociale
n./N.	numero
ns./n/	nostro
n/c	nostro conto
n/o	nostro ordine
pagg.	pagine
p.c.	per conoscenza
p.c.c.	per copia conforme
P.C.	polizza di carico
p/p	per procura
p.o & c.	per ordine e conto
p.p	pacco postale
PP.TT.	Poste e Telegrafi
P.S.	Post Scriptum
racc.	Raccomandata
RAI-TV	Radiotelevisione Italiana
S.A.	Società Anonima
segg.	seguenti
S.V.	Signoria Vostra
S.n.c.	Società in nome collettivo
S.p.a.	Società per azione
S.r.l.	Società a responsabilità limitata
TX	telex
u.s.	ultimo scorso
Vs.	Vostro

V.c.	Vostro conto
V.o.	Vostro ordine

ITALIAN WEIGHTS

t. (tonellata)	=	1.000 kg.
q. (quintale)	=	100 kg.
mag. (miriagrammo)	=	10 kg.
kg. (chilogrammo)	=	1 kg. (1 kg. = 35 oz.)
h.g. (ettogrammo)	=	0,1 kg.
dag. (decagrammo)	=	0.01 kg.
g. (grammo)	=	0,001 kg.
dg. (decigrammo)	=	0,1 gr.
cg. (centigrammo)	=	0,001 gr.
mg. (milligrammo)	=	0,0001 gr.

METALLURGICA ITALIANA, S.p.A.

Via Giovanni, 48
20152 MILANO
Tel. (02) 3070711

Milano, 10 aprile 20..

Spett. FONDERIE RIUNITE
Via 20 Settembre
16121 GENOVA

Oggetto: Richiesta di campione, pressi e condizioni di pagamento.

Egregi Signori,

Abbiamo appreso che avete ottenuto un nuovo tipo di lega metallica leggera, con particolari caratteri di flessibilità e resitenza.

Essendo interessati a tutte le scoperte del Vostro ramo, per le applicazioni che tali leghe hanno nel campo dei manufatti industriali, Vi preghiamo di volercene fornire un campione con allegati prezzi e condizioni di pagamento.

Siamo certi che, date le buone relazioni esistenti e la frequenza con cui Vi conferiamo i nostri ordini, vorrete considerare la possibilità di effettuare eventuali furniture a prezzi contenuti.

Nell' attesa, porgiamo distinti saluti.

IL DIRETTORE
(Ing. Maria Rosa)

MR/rd

UN PO' DI GRAMATICA

Verbs

Indicative Present

	COMPRARE	VENDERE	FINIRE	PARTIRE
io	compro	vendo	finisco	parto
tu	compri	vendi	finisci	parti
lui/lei	compra	vende	finisce	parte
noi	compriamo	vendiamo	finiamo	partiamo
voi	comprate	vendete	finite	partite
loro	comprano	vendono	finiscono	partono

Indicative Imperfect

COMPRARE	VENDERE	FINIRE	PARTIRE
compravo	vendevo	finivo	partivo
compravi	vendevi	finivi	partivi
comprava	vendeva	finiva	partiva
compravamo	vendevamo	finivamo	partivamo
compravate	vendevate	finivate	partivate
compravano	vendevano	finivano	partivano

Preterit

comprai	vendetti	finii	partii
comprasti	vendesti	finisti	partisti
comprò	vendè	finì	partì
comprammo	vendemmo	finimmo	partimmo
compraste	vendeste	finiste	partiste
comprarono	vendettero	finirono	partirono

Future

comprerò	venderò	finirò	partirò
comprerai	venderai	finirai	partirai
comprerà	venderà	finirà	partirà
compreremo	venderemo	finiremo	partiremo
comprerete	venderete	finirete	partirete
compreranno	venderanno	finiranno	partiranno

Present Perfect

ho	comprato	venduto	finito	sono	partito/a
hai	comprato	venduto	finito	sei	partito/a
ha	comprato	venduto	finito	è	partito/a
abbiamo	comprato	venduto	finito	siamo	partiti/e
avete	comprato	venduto	finito	siete	partiti/e
hanno	comprato	venduto	finito	sono	partiti/e

Pluperfect

avevo	comprato	venduto	finito	ero	partito/a
avevi	comprato	venduto	finito	eri	partito/a
aveva	comprato	venduto	finito	era	partito/a
avevamo	comprato	venduto	finito	eravamo	pariti/e
avevate	comprato	venduto	finito	eravate	partiti/e
avevano	comprato	venduto	finito	erano	partiti/e

Preterit Perfect

ebbi	comprato	venduto	finito	fui	partito/a
avesti	comprato	venduto	finito	fosti	partito/a
ebbe	comprato	venduto	finito	fu	partito/a
avemmo	comprato	venduto	finito	fummo	partiti/e
aveste	comprato	venduto	finito	foste	partiti/e
ebbero	comprato	venduto	finito	furono	partiti/e

Future Perfect

avrò	comprato	venduto	finito	sarò	partito/a
avrai	comprato	venduto	finito	sarai	partito/a
avrà	comprato	venduto	finito	sarà	partito/a
avremo	comprato	venduto	finito	saremo	partiti/e
avrete	comprato	venduto	finito	sarete	partiti/e
avranno	comprato	venduto	finito	saranno	partiti/e

Present Subjuctive

che io	compri	venda	finisca	parta
che tu	compri	venda	finisca	parta
che lui lei	compri	venda	finisca	parta
che noi	compri	vendiamo	finiamo	partiamo
che voi	compri	vendiate	finiate	partiate
che loro	compri	vendano	finiscano	partano

Imperfect

comprassi	vendessi	finissi	partissi
comprassi	vendessi	finissi	partissi
comprasse	vendesse	finisse	partisse
comprassimo	vendessimo	finissimo	partissimo
compraste	vendeste	finiste	partiste
comprassero	vendessero	finissero	partissero

Present Perfect

abbia	comprato	venduto	finito	sia	partito/a
abbia	comprato	venduto	finito	sia	partito/a
abbia	comprato	venduto	finito	sia	partito/a
abbiamo	comprato	venduto	finito	siamo	partiti/e
abbiate	comprato	venduto	finito	siate	partiti/e
abbiano	comprato	venduto	finito	siano	partiti/e

Pluperfect

avessi	comprato	venduto	finito	fossi	partito/a
avessi	comprato	venduto	finito	fossi	partito/a
avesse	comprato	venduto	finito	fosse	partito/a
avessimo	comprato	venduto	finito	fossimo	partiti/e
aveste	comprato	venduto	finito	foste	partiti/e
avessero	comprato	venduto	finito	fossero	partiti/e

Commands

tu	compra	vendi	finisci	parti
lui	compri	venda	finisca	parta
noi	compriamo	vendiamo	finiamo	partiamo
voi	comprate	vendete	finite	partite
loro	comprino	vendano	finiscano	partano

Conditional Present

comprerei	venderei	finirei	partirei
compreresti	venderesti	finiresti	patiresti
comprerebbe	venderebbe	finirebbe	partirebbe
compreremmo	venderemmo	finiremmo	partiremmo
comprereste	vendereste	finireste	partireste
comprerebbero	venderebbero	finirebbero	partirebbero

Conditional Perfect

avrei	comprato	venduto	finito	sarei	partito/a
averesti	comprato	venduto	finito	saresti	partito/a
avrebbe	comparato	venduto	finito	sarebbe	partito/a
avremmo	comprato	venduto	finito	saremmo	partiti/e
avreste	comprato	venduto	finito	sareste	partiti/e
avrebbero	comprato	venduto	finito	sarebbero	partiti/e

The compound tense of the verbs are formed by using the auxiliary verb, either avere or essere and the past participle of the main verb. The transitive verbs take avere, and the intransitive take essere.

The following verbs take essere in the compound tense:

accadere	accaduto	to happen
andare	andato	to go
annegare	annegato	to drown
apparire	apparso	to appear
arrivare	arrivato	to arrive
avvenire	avvenuto	to happen
cadere	caduto	to fall
capitare	capitato	to happen
costare	costato	to cost
crescere	cresciuto	to grow
dispiacere	dispiaciuto	to be sorry
diventare	diventato	to become
durare	durato	to last
entrare	entrato	to go in, enter
essere	stato	to be
fuggire	fuggito	to flee
giungere	giunto	to arrive
guarire	guarito	to get well
impazzire	impazzito	to go mad
ingrassare	ingrassato	to get fat, put on weight
invecchiare	invecchiato	to grow old
mancare	mancato	to lack, be lacking
morire	morto	to die
nascere	nato	to be born
parere	parso	to seem
partire	partito	to leave, depart
passare	passato	to stop by
piacere	piaciuto	to be pleasing
restare	restato	to stay

ricomparire	ricomparso	to reappear
ricorrere	ricorso	to recur, occur
rientrare	rientrato	to go back in
rimanere	rimasto	to remain
ritornare (tornare)	ritornato	to return
riuscire	riuscito	to succeed
scappare	scappato	to run away
scomparire	scomparso	to diaspear
scoppiare	scoppiato	to explode
sembrare	sembrato	to seem
servire	servito	to be of use
sopprimere	sopresso	to eliminate
sparire	sparso	to disappear
stare	stato	to stay
succedere	successo	to happen
svanire	svanito	to vanish
svenire	svenuto	to faint
uscire	uscito	to go out
venire	venuto	to come

All relfexive verbs take essere.

USE OF THE SUBJUNCTIVE

The subjunctive is a dependent clause linked to the main clause by che and it is used with verbs expressing wish, commands, desire, doubt, fear, opinion, impression, preference and emotion. These verbs include desiderare, insistere, volere, pensare, credere, dubitare, non sapere, avere paura, and temere.

After conjuctions, impersonal verbs and impersonal expressions such as benché, sebbene, quantunque, purché, a meno che, prima che, senza che, perché, qualora, a patto che di modo che, è bene, è meglio, è possibile, è probabile, è impossibile, è necessario, occorrere, bisogna, sembra, può darsi.

After a superlative relative, or expressions which imply it, and indefinite expressions such as unico, solo, uno, chinque, qualunque, dovunque.

When the subjects are the same you have to use the infinitve, most of the times they are preceded by the preposition di. If the main clause expresses certainty the indicative is used.

Procura Generale

REPUBLICA ITALIANA

L'anno addi'   del mese di

negli Uffici del Consolato Generale d'Italia siti al n. 690 park Avenue, New York City, innazi a me delegato ad esercitare funzioni notarili còn decreto del Console Generale, senza la presenza dei testimoni avendovi il comparente rinunziato con il mio consenso,

Atto
No.

No
Reg.
A.N.

COMPARSI

della cui identità personale sono certo, il quale comparente ha

DICHIARATO

di voler nominare e costituire, come con el presente atto nomina e costituisce, a suo procuratore generale al quale conferisce ogni facoltà di amministrate tutti i beni da esso costituento posseduti e da possedere in Italia e di disporne come se ne fosse il proprietario assoluto e cosi: di acquistare, vendere, permutare stabili, mobile, crediti, azioni e ragioni, convenendone il prezzo ed esigendolo, accordando dilazioni per il pagamento e rinunziando all'iptoeca legale che compete al venditore; di partecipare ai pubblici incanti compiendo tutti gli atti occorrenti per essere ammesso all'asta; di stipulare contratti di appalto; di accettare donazioni; di esigere tutto quanto, per qualsiasi titolo, fosse dovuto da private, da enti o da istituti di credito al mandante, rilasciando parziali o finali quientanze e liberazioni; di stipulare come locatore e conduttore affitti anche accedenti la durata di un novennio; di affrancare censi, rendite perpetue e vitalizie e di costituirle; di fare contratti di locazione d'opere; di dare a ricevere denaro a mutuo; di stipulare, come parte attiva e passive contratti di anticresi, comodato, deposito e sequestro; di fare qualunque operazione di acquisto, di vendita, di tramutamento di rendita dello Stato o di altri valori pubblici; di sottoporre a pegno od ipoteca qualunque bene mobile od immobile del mandante; di consetire la cancellazione, riduzione, restrizione e surrogazione di ipoteche e qualunque altra operazione ipotecaria; di stabilire servitu' e rinunziare a quelle esistenti; di sottoscrivere cambiali ed altri effetti commerciali, di avallarli, di farne girata, accettarli o protestarli; di ritirare da qualsiasi ufficio effetti raccomandati od assicurate, vaglia o pacchi postali, titoli, assegno sulle Banche o su qualsiasi tesoreria e cassa; di addivenire a concordati fiscali; di costituirsi in società e rappresentarvi il mandante; di cedere, rinnovare o rescindere contratti in corso e di stipulare transazioni; di intervenire in atti di divisione, anche amichevoli, accettando conguagli attivi o passive, approvando le quote, e rinunziando alla ipoteca legale; di accettare con o senza beneficio di inventario eredità e legati o di rinunciarvi; di chiedere la formazione di inventari, intervenirvi e fare le dichiarazioni utili nell'interesse del mandante; di nominare e revocare avvocati, procuratori e periti; di nominare arbitri anche come amichevoli compositori; di fare ricorsi rappresentando il mandante dinanzi a qualunque autorità; di intentare cause attive e difendersi nelle passive in giudizio ed in ogni grado di giurisdizione; di rappresentare il mandante nei fallimenti; di deferire, accettare e riferire giuramenti anche decisori, revocare quelli deferiti o dispensare dal prestarli; di promuovere pignoramenti e sequestri a carico di debitori o presso terzi, curandone la revoca ovvero l'esecuzione dei giudicati; di nominare uno o più mandatari con simili o minori poteri.